DE MÃES PARA MÃES

petra

Leticia Cazarré
Nina Viana
Lorena Miranda Cutlak
Camila Lavôr
Araceli Alcântara
Aline Rocha Taddei Brodbeck
Lorena Leandro
Karen Mortean
Bruna Morselli
Olinda Scalabrin
Marcela Saint Martin
Thaís Favero Schmitt
Susana Blanco Marques
Karina Bastos
Maria Inês Carrières
Iracema Sanches
Narla Bessoni

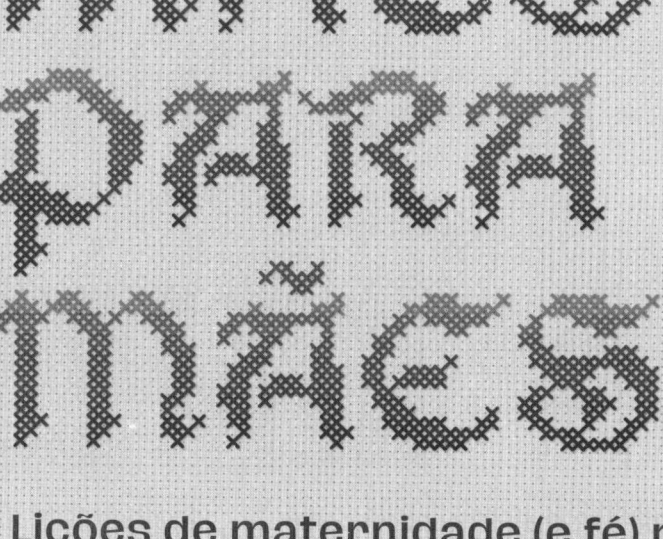

DE MÃES PARA MÃES

Lições de maternidade (e fé) por quem decidiu nadar contra a corrente

Org. Lorena Miranda Cutlak

Copyright © 2022 by Lorena Miranda Cutlak, da organização

Copyright © 2022 by Leticia Cazarré ("A verdadeira vida"); Lorena Leandro ("Para que, afinal, educamos nossos filhos?"); Susana Blanco Marques ("Meus filhos não me fizeram mal algum"); Camila Lavôr ("Nosso protagonismo na educação dos filhos"); Marcela Saint Martin ("Ler para os filhos como forma de estar presente"); Araceli Alcântara ("Lições de um fotograma da vida comum"); Lorena Miranda Cutlak ("Vida longa, Miguel Arcanjo!"); Aline Rocha Taddei Brodbeck ("Maternidade e feminilidade"); Olinda Scalabrin ("'Se os meus fossem assim, eu também teria vários!'"); Nina Viana ("Transformando em poesia heroica a prosa de cada dia"); Karina Bastos ("Amor, dai-me os pomos"); Karen Mortean ("Da sala de aula para a mesa da cozinha"); Bruna Morselli ("Mãe e pai: companheiros de caminhada"); Iracema Sanches ("'Devo florir onde Deus me plantar'"); Narlla Bessoni ("Maternidade, vida e reconciliação"); Maria Inês Carrières ("Passos em falso: a projeção das mães de família na sociedade e na cultura"); Thaís Favero Schmitt ("Só temos hoje para amar")

Direitos de edição da obra em língua portuguesa no Brasil adquiridos pela Petra Editorial Ltda. Todos os direitos reservados. Nenhuma parte desta obra pode ser apropriada e estocada em sistema de banco de dados ou processo similar, em qualquer forma ou meio, seja eletrônico, de fotocópia, gravação etc., sem a permissão do detentor do copirraite.

Petra Editora
Rua Candelária, 60 — 7º andar — Centro — 20091-020
Rio de Janeiro — RJ — Brasil
Tel.: (21) 3882-8200

Dados Internacionais de Catalogação na Publicação (CIP)

C989m
    Cutlak, Lorena Miranda
       De mães para mães: Lições de maternidade (e fé) por quem decidiu nadar contra a corrente / Lorena Miranda Cutlak (org.) – Rio de Janeiro: Petra, 2022.
       136 p.; 15,5 x 23 cm

    ISBN: 978-65-88444-61-0

    1. Maternidade I. Título
                                          CDD: 640
                                          CDU: 640

André Queiroz – CRB-4/2242

Sumário

Apresentação 7
Lorena Miranda Cutlak

A verdadeira vida 9
Leticia Cazarré

Para que, afinal, educamos nossos filhos? 17
Lorena Leandro

Meus filhos não me fizeram mal algum 25
Susana Blanco Marques

Nosso protagonismo na educação dos filhos 31
Camila Lavôr

Ler para os filhos como forma de estar presente 39
Marcela Saint Martin

Lições de um fotograma da vida comum 55
Araceli Alcântara

Vida longa, Miguel Arcanjo! 59
Lorena Miranda Cutlak

Maternidade e feminilidade 63
Aline Rocha Taddei Brodbeck

"Se os meus fossem assim, eu também teria vários!" 67
Olinda Scalabrin

Transformando em poesia heroica a prosa de cada dia 69
Nina Viana

Amor, dai-me os pomos   77
Karina Bastos

Da sala de aula para a mesa da cozinha   87
Karen Mortean

Mãe e pai: companheiros de caminhada   95
Bruna Morselli

"Devo florir onde Deus me plantar"   101
Iracema Sanches

Maternidade, vida e reconciliação   107
Narlla Bessoni

Passos em falso: a projeção das mães de família na sociedade e na cultura   113
Maria Inês Carrières

Só temos hoje para amar   127
Thaís Favero Schmitt

Sobre as autoras   131

Apresentação

Lorena Miranda Cutlak

Não é fortuita a reunião de vozes que tecem o coro deste livro. Tampouco é fortuita a ideia de convidar mulheres para traduzir em palavras muito suas a substância de seu mundo. Não: na era das reações imediatas e da simultaneidade de estímulos, surge inevitavelmente dentro de nós um convite à atenção, à contemplação, ao cuidado, à presença. Sobretudo nós, mulheres, sentimos com especial agudeza essa necessidade de ordenar, de tecer harmonias no caos, de preparar com nossas próprias mãos um improvisado repouso, a fim de alentar quem amamos.

Este livro é um momento de silêncio às seis da manhã, antes de a casa acordar. É o instante de vigília que não sucumbe à exaustão. É a oração mental ao fim do dia, no carro ou no metrô. É o exame de consciência à cabeceira da febre de um filho.

Este livro somos nós, revolvendo com as mãos todas as maiores e menores expectativas em torno de nós mesmas. Às vezes será nossa confissão de nos termos desviado da rota original, e o relato de quanto nos custou perfazer um novo caminho. Por outras, será simplesmente o olhar experimentado — por isso mesmo, esperançoso? — com que ousamos indagar o horizonte quanto aos dias que ainda virão.

Não são, como eu dizia, vozes fortuitas, aleatoriamente reunidas. São mulheres diversas, inseridas em circunstâncias as mais variadas, e que, no entanto, juntas, compõem harmonicamente certo perfil feminino, cuja unidade, sem dúvida tênue, não se obtém por qualquer semelhança material, mas, antes, pelo desejo, comum a todas, de transcender o eu e seguir em direção ao Outro.

São histórias eivadas de desafios e renúncias, e de uma busca incessante pelo melhor modo de aplicar-se àquilo que se é. Mais do que relatos sobre maternidade, casamento, vida profissional, autocuidado e educação infantil, compõem este volume vozes que buscam encontrar, num mundo fatalmente desatento e em circunstâncias por vezes hostis, o fio condutor de sua feminilidade.

Desejamos que elas lhe façam boa companhia, leitora; não apenas como quem está ao seu lado sentindo o tempo passar, mas sobretudo como quem lhe fala sem perder de vista, nem por um instante, que as palavras têm o poder de operar e curar corações.

A verdadeira vida

Leticia Cazarré

O que quero contar aqui não é nenhum segredo. Tampouco é conversa comum, que se ouve bastante por aí. Não. É justamente porque quase não se ouve que tantas meninas e mulheres desconhecem o que vou dizer. E, por desconhecerem, tomam outro caminho: aquele que é o mais louvado, o mais desejado, o mais incentivado por quem costuma estar ao seu redor.

Estou falando sobre ser ou não ser. Esposa ou solteira. Mãe ou sem filhos. Dona de casa ou profissional de sucesso. À primeira vista, essas parecem questões que passam pela cabeça de todas as jovens mulheres, mas isso não é verdade. O fato é que, em nossa cultura moderna, muitas vezes essas dúvidas sequer lhes ocorrem, porque as opções não estão todas sobre a mesa na hora das grandes decisões. O que acontece com maior frequência é que a maioria das meninas cresce recebendo estímulos e embalando sonhos de se tornarem grandes profissionais, nunca apenas esposas, mães e donas de casa. Foi assim comigo e, diria, com todas as amigas da minha geração e da geração seguinte.

Isso significa que a maioria de nós resolveu ir para a universidade em busca de um diploma que lhes permitisse exercer uma profissão de nível superior. Dentre as que fizeram essa escolha, grande parte seguiu estudando em mestrados, doutorados e pós-doutorados, sem considerar o casamento e os filhos como algo de importância fundamental. Quando muito, essas coisas aconteciam meio acidentalmente, emboladas na pós-graduação, atrasando ou atrapalhando seus grandes planos de sucesso profissional. Como já disse, foi assim comigo e com quase todas as minhas amigas...

Apenas uma delas fez a escolha de abandonar a carreira e se dedicar à família. Mudou-se com o marido para uma área rural, onde começaram a plantar, colher e construir a própria casa. Vieram os filhos e a propriedade foi crescendo com eles.

Sempre que a visitava, podia constatar como ela estava feliz com a escolha inusitada. Num primeiro momento, aquele estilo de vida parecia muito distante da minha realidade, mas, uma década depois, entendi exatamente o tesouro que ela havia encontrado e cultivado para si mesma.

No meu caso, a história foi diferente. Emendei a escola na universidade, a graduação no mestrado e, logo que me tornei mestre, engravidei do meu primeiro filho. Foi uma ruptura dramática no destino que eu vinha desejando e trilhando com muita dedicação. De repente, precisei renunciar à carreira de primatologista, pois já não seria possível enfrentar longos períodos afastada, trabalhando em florestas tropicais. Meu bebê precisaria de mim em tempo integral. Minha primeira reação foi a de estudar para concursos. Não podia ficar parada, desempregada, com um filho pequeno para criar. Creio que fiz a coisa certa, estudando em média oito horas por dia ao longo de toda a gestação. Nesse momento, minha preocupação não era tanto meu futuro profissional, mas o futuro do meu filho, a quem eu tinha a responsabilidade de sustentar. Passei em dois concursos e, com isso, fiquei mais tranquila.

Porém, logo que o bebê nasceu, senti como se minha vida tivesse parado por completo. Ninguém havia me ensinado que a chegada de um filho seria um momento maravilhoso e que eu devia encará-lo com muita tranquilidade. Pelo contrário, tudo ao meu redor parecia corroborar minha tese de que aquele filho, naquele momento, atrapalhava meus planos mais especiais. Foi uma fase difícil e, embora eu o amasse muito e me dedicasse de corpo e alma aos seus cuidados, demorei algum tempo para aprender a conciliar a maternidade com a mulher que eu desejava ser.

Pouco tempo depois, tive de tomar novamente a decisão de abandonar a carreira. Pedi demissão do concurso para acompanhar meu marido em seu trabalho em outra cidade. Já tínhamos nosso segundo filho pequeno e, de repente, me vi pela segunda vez desempregada, sendo mãe e esposa em tempo integral. De novo, não houve quem me aconselhasse a ver tudo com naturalidade, a pensar que aquela escolha era a melhor para mim e para minha família e que não havia motivo de preocupação ou de vergonha. Logo me senti frustrada longe dos estudos e do trabalho, dedicada inteiramente aos filhos e ao marido, com a certeza de que não poderia tolerar por muito tempo aquela situação.

Foi então que decidi começar uma nova carreira. As dificuldades não eram pequenas, pois a essa altura eu já tinha 28 anos, dois filhos, e escolhi uma área completamente nova, sem qualquer relação com minha formação anterior. Comecei a estudar moda.

Com muito esforço, consegui avançar aos poucos, fazendo novos cursos e conquistando clientes, ao mesmo tempo que precisava dar conta dos cuidados com filhos, marido e lar. À medida que minha carreira progredia, meu tempo para a família diminuía. Criei minha própria revista e passei a atuar não apenas na moda, mas também como editora, jornalista e, acima de tudo, empresária. Fazia viagens internacionais, cobria semanas de moda e de arte, circulava entre as pessoas mais importantes do meio e era reconhecida. Profissionalmente, estava realizada! Mas já não havia praticamente espaço para mais ninguém na minha rotina. Trabalhando por até 15 horas diárias, ficava afastada dos filhos, que estudavam em tempo integral; e, mesmo quando voltava para casa, seguia trabalhando no computador, ao telefone, fazendo planejamentos e editando materiais. Finalmente havia me tornado a mulher de sucesso que eu tanto sonhara desde a juventude! Mas a um preço alto demais, como eu perceberia depois.

Cerca de seis anos se passaram entre a minha decisão de começar de novo e aquele momento da grande realização profissional. Um tempo curto, se considerarmos a perspectiva do trabalho, mas um tempo longo demais se levarmos em conta a duração da infância. Meus filhos estavam crescendo rápido — e crescendo longe de mim. Meu marido também sentia minha falta e, principalmente, a falta que eu fazia para nossos pequenos. Os reflexos começaram a aparecer na educação deles, em seu desempenho escolar, nos comportamentos, bem como no meu casamento. Aos poucos, comecei a repensar minhas escolhas e a colocar na balança todas as conquistas profissionais e as perdas pessoais.

Foi quando, como uma espécie de iluminação, um pensamento me passou pela cabeça e mudou tudo. Olhei para meu filho mais velho, então com 8 anos, e pensei que não teríamos muito mais tempo para conviver com a criança que ele ainda era. Em pouco mais de três anos ele seria um adolescente, com o natural afastamento e a independência que a idade pede, e nós não teríamos como recuperar o que tivesse sido perdido. Aquela constatação foi como uma espada transpassando meu coração de mãe. Deus! Quanta coisa importante eu havia deixado passar bem longe de mim, quantos momentos mágicos, quantas alegrias e emoções eu tinha escolhido delegar para outras pessoas, em troca de uma carreira profissional. Não, não valia a pena fazer aquele sacrifício. Eu já não queria seguir com essa escolha, perdendo preciosos anos da infância do meu primogênito. Sentia que ainda tinha uma janela de tempo suficiente para não cometer o mesmo erro com nosso filho menor. Mais do que isso, outra ideia começou a assaltar meu pensamento: e se tivéssemos mais um filho?

Assim que propus a possibilidade, meu marido aceitou com grande alegria. Disse que não teria coragem de me pedir, pois sabia do tamanho da renúncia que um terceiro filho significaria para mim, mas queria muito, de todo coração. Pela terceira vez na vida escolhi abandonar minha carreira profissional; mas, pela primeira vez, já não sentia isso como uma perda. Algo havia se transformado dentro de mim, e agora eu entendia onde estava meu verdadeiro tesouro.

Engravidei do terceiro filho aos 35 anos e, antes mesmo que ele chegasse, já desejávamos o próximo. Com mais tempo livre, voltei aos estudos de uma maneira mais leve e menos formal. Busquei assuntos diversos que me interessavam, como ciência política, história, diplomacia, e passei a ler mais e a me informar sobre o país e o mundo. Descobri que muitas das minhas ideias antigas se embasavam em um movimento ideológico de esquerda, o feminismo, sobre o qual eu pouco conhecia. Foi impressionante constatar que minhas crenças mais arraigadas, como a preponderância da carreira sobre a família, o direito da mulher ao aborto e a liberdade sexual, eram, na verdade, fruto de um projeto político de longo prazo que havia dominado culturalmente não apenas a minha geração, mas também a dos meus pais e que, por isso, eu e minhas amigas pautávamos nossas vidas por aquelas ideias, sem nunca questioná-las.

De repente, tudo começou a se encaixar e a fazer sentido para mim e para o meu marido. Vimo-nos em uma situação diferente, ou melhor, no mesmíssimo mundo, mas com um olhar totalmente novo sobre ele. Nossos questionamentos políticos, morais e espirituais nos levaram na direção da conversão à Igreja Católica. Encontramos juntos um novo espírito, uma força maior que nos amparava e explicava muito da nossa transformação pessoal nos últimos anos, que tínhamos feito meio às cegas, seguindo a intuição e o coração. Foi no exemplo da vida e da morte de Jesus Cristo que descobrimos o significado daquilo que já estava escrito em nosso interior. E, a partir de então, a vida ganhou uma leveza e uma paz que jamais havíamos experimentado.

Tal como acontecera na terceira gestação, antes que nossa quarta filha nascesse, já pensávamos com carinho nos próximos filhos. E assim, abertos à vida, seguimos juntos por um caminho de fé, de amor e de esperança. Sabemos da nossa responsabilidade para com a nova geração e com o mundo. Queremos poder fazer diferença, mesmo que seja apenas no nosso ambiente mais imediato, em nossa própria família, com nossos amigos e parentes próximos. Mas, como mulher, sinto-me particularmente no dever de falar também às jovens que ainda não trilharam seus principais caminhos, que ainda têm tempo de pensar e de fazer suas melhores escolhas.

Desejo, de todo coração, que muitas delas descubram a verdade sobre sua importância no mundo, sobre seu papel e sua missão — essa verdade que mora dentro delas mesmas, e não nas páginas de revistas femininas, nem nas cenas tórridas de filmes e de séries progressistas. Trata-se da verdade que, se elas permitirem, virá à tona naturalmente, porque a felicidade não está em viver dedicada a patrões, a empresas, nem a um caminho profissional que exclua de sua vida o tempo para o amor. O amor às pessoas, não às coisas. O amor desinteressado, não às recompensas. O amor ao outro, não apenas a si mesma.

Tenho visto mais e mais mulheres fazerem o caminho de volta para casa. Muitas delas, assim como eu, passaram bastante tempo procurando a felicidade onde ela não poderia ser encontrada. Meu desejo é que este singelo relato sirva, para muitas outras, como a flecha que transpassou meu coração há alguns anos e que mudou minha vida para muito melhor. Que elas possam, então, enxergar com olhos de eternidade o que antes lhes parecia tão trivial e, assim, descobrir o segredo que esconde a verdadeira vida.

Para que, afinal, educamos nossos filhos?

Lorena Leandro

No momento em que escrevo este texto, meu primogênito completa 9 anos de vida. Há nove anos, meu coração não apenas se abria para a maternidade, mas já palpitava meio errante em busca de respostas para grandes questões da educação.

Uma das primeiras respostas que encontrei foi a de que ser mãe não é apenas algo instintivo. É verdade que, na minha primeira troca de fraldas, parecia que eu tinha feito aquilo a vida toda. Mas não há como pensar de fato sobre educação sem, bem... *pensar* sobre educação. Para chegar a certas respostas, não basta ouvir somente o que o coração nos diz.

Para questões simples sobre "Como fazer o bebê dormir?" ou "Como alfabetizar uma criança?", o caminho até a resposta será mais curto. Para as mais profundas, no entanto, é pouco útil perguntar *como* fazer sem antes se perguntar o *porquê*. Uma mãe jamais chegará a uma resposta para "Como educar meu filho?" se, antes, não buscar o motivo de o estar fazendo.

Eu sei que à primeira vista parece um pouco óbvio. Estamos educando nossos filhos porque são... nossos filhos! Mas quem são realmente essas crianças, e qual a verdadeira finalidade de educá-las, além de oferecer-lhes a possibilidade de passar no ENEM? Seria possível pensar nelas como mais do que filhos e na educação como mais do que conhecimento técnico?

Monsenhor Álvaro Negromonte diz que "só com um conceito total do homem é possível um conceito total da educação". Portanto, sim, existe um horizonte mais amplo a ser explorado quando o assunto é educação de filhos.

É essa ideia de totalidade, de plenitude, que nos permite enxergar mais do que carne e osso em uma criança e perceber que, ali, há uma pessoa humana — e que só existe como tal porque nela habita uma alma. Como tão sensatamente afirma Jacques Maritain, "a educação não é o treinamento de um animal. É o despertar do homem".

Entender que a criança é muito mais do que um corpo para cuidar e um intelecto para desenvolver é um primeiro passo importante. Para educar, é necessário enxergar a criança como indivíduo, um todo cujas partes (corpo, inteligência, vontade e graça) são inseparáveis.

Inseparáveis, sim, mas — como se pode presumir — com valores distintos. Eis que avançamos um pouco mais no entendimento do que é este indivíduo a quem chamamos filho. Existe toda uma hierarquia entre essas partes e, certamente, nossa perspectiva sobre a maternidade muda quando pensamos que as três primeiras — o corpo, a inteligência e a vontade — são envoltas pela última: a graça.

Se nossos filhos existem em virtude da existência da alma, já não é possível considerar que a educação seja o mesmo que a mera instrução. Considerando isso, conseguimos partir do conceito de homem e vislumbrar o conceito real de educação.

A primeira vez que li sobre a etimologia da palavra "educação" foi em um texto de Olavo de Carvalho. Ele explica que, em latim, a palavra é composta de duas partes: *ex*, que quer dizer "para fora", e *ducere*, que significa "levar, conduzir". Ele diz: "(...) letras e números transportam a alma para além do seu horizonte imediato de sensações e reações, abrindo-lhe o acesso à dimensão da cultura, da História, do espírito." Em outra ocasião, o mesmo autor também explica: "A abertura para a razão é a educação. (...) Pela educação a alma se liberta da prisão subjetiva, do egocentrismo cognitivo próprio da infância, e se abre para a grandeza e a complexidade do real. A meta da educação é a conquista da maturidade."

Repare como ele nos fala de *transportar* e *educar* a alma. E, nas duas vezes, usa o termo *abertura*. É possível fazer um paralelo com a hierarquia de que falamos anteriormente, concluindo que a educação conduz o homem do plano mais "fechado" para o mais "aberto".

Ou seja, do corpo ("horizonte imediato de sensações e reações"), para a inteligência ("dimensão da cultura, da História/grandeza e complexidade do real") e, enfim, para a vontade ("dimensão do ser/maturidade").

Essa organização hierárquica me lembra o que diz Jules Payot: que na criança existe uma anarquia de tendências. "A educação não tem justamente o objetivo de ordenar essa desordem, de organizar a estabilidade e a unidade?" Conseguimos, agora, com passos um pouco menos cambaleantes, nos perguntar qual, então, a finalidade de educar.

Não nos é mais possível ignorar que a educação tem um fim último. Para Jacques Maritain o primeiro erro relativo aos fins da educação é desprezá-los. Ele considera a educação uma "arte ética", que não existe — como qualquer arte — sem um objetivo.

Mas, para enxergarmos esses fins, precisamos antes nos voltar ao começo. E o começo da educação é o próprio homem. Como diz o Monsenhor Negromonte, "tornar-nos homens é o essencial: tudo mais é acréscimo". Sendo o homem criatura de Deus, é a partir dele — do homem — e d'Ele que poderemos definir nossas metas educacionais. O que se deseja estabelecer para almas a nós confiadas por Deus?

Se você pensou em salvação eterna, acertou. Colocando essas lentes, fica mais fácil enxergar por que educação é diferente de instrução.

É lógico que, se existe hierarquia de valores até a conquista da maturidade humana, decerto essa hierarquia não despreza o aspecto utilitário da educação. Maritain declara que não fomos feitos para o "ócio aristocrático", mas ressalta que só se atinge a um fim prático na educação na medida em que se desenvolvem as capacidades humanas.

Se até agora estivemos falando sobre um "fim último" que passa pelo conceito de homem e sua integralidade, não podemos esquecer os fins secundários, que compõem o trabalho que fazemos em cada aspecto da educação infantil. Com base na síntese pedagógica que o Monsenhor Negromonte faz em *A educação dos filhos*, esses aspectos abrangem, de baixo para cima (também de forma hierárquica), a educação física, a educação intelectual e a formação moral.

Acredito ser evidente que parte da educação intelectual de nossas crianças terá o fim utilitário de ajudá-las a exercer uma profissão ou aprender uma ocupação. No mundo real, elas precisarão ter conhecimentos técnicos para situações específicas, como prestar o vestibular ou conseguir um emprego. Porém, visar o trabalho remunerado — uma questão, sem dúvida, de sobrevivência e cidadania — não pode ser um fim em si mesmo. Isso, contudo, é hoje o que a sociedade pensa da educação, que educamos a criança para o trabalho e para tudo o que dele advém: posição social, sucesso financeiro, acúmulo de bens... E assim subvertem-se os papéis: coloca-se o homem para o trabalho, e não o trabalho para o homem. É perfeitamente legítimo buscar o necessário para vivermos com dignidade, e a educação, como dito, não exclui a instrução. O problema é que se tem invertido a equação. Reduz-se todo o conceito de educação à instrução técnica dos filhos, o que é a mesma coisa que eliminar a finalidade da educação do nosso campo de visão, ficando apenas com os meios.

Se, por outro lado, olharmos o trabalho humano como participação na obra da criação de Deus, e também como contribuição do homem ao bem comum, entenderemos que ele também nos serve como via de santificação. O trabalho pode — e deve — ser mais um dos meios de alcançar nossa completude como seres humanos. Sob esta perspectiva, fica mais clara a distinção entre educação e instrução e melhora o entendimento da hierarquia entre os dois conceitos.

Volto ao ponto de que é urgente nos perguntarmos "para quê" antes de partirmos para o "como". A instrução para o trabalho é apenas mais um dos meios de alcançarmos o nosso "para quê". Ela é feita dos métodos e processos que nos ajudarão a atingir esses fins, sendo, portanto, apenas parte do todo. A verdadeira educação, com efeito, depende diretamente do nosso conceito da vida.

Eu gosto muitíssimo da ideia de que a finalidade da educação é ser o caminho para a liberdade interior e espiritual do homem. Pensando por esse prisma, fica simples entender que a real dimensão da educação não é, como diz Maritain, "um mero desdobrar de potencialidades sem objetivo". A educação extrapola em muito o âmbito puramente instrucional, alastrando-se pelo âmbito da vida em si. Educação integral é não deixar nenhuma parte de fora, seja corpo, intelecto ou moral. Todos fazem parte da vida; são todos unidos pela graça. Por isso, não tenho medo de afirmar que só é possível educar uma criança com base no modo como vivemos.

E como vive — ou deveria viver — uma mãe verdadeiramente educadora?

No livro *Sí, quiero: claves para un matrimonio feliz*, há um capítulo em que os autores discorrem sobre a educação dos filhos dentro do casamento e fazem muitas das perguntas que já nos fizemos até aqui. Eles vão chegando a certas respostas irrefletidas que possivelmente as pessoas dariam, apenas para concluir que a resposta correta ao "para quê educamos nossos filhos?" seria que os educamos para a vida. E, logo em seguida, complementam: "Para a única vida que é digna desse nome: a eterna." Para ajudar nossos filhos a alcançá-la, o ponto alto da nossa tarefa educativa não será tanto a transmissão de conhecimento, mas sim a transmissão de valores.

Um dos primeiros autores que li quando comecei a estudar sobre ensino domiciliar foi John Holt, considerado o pai do *unschooling*. Embora eu discorde de alguns de seus pontos de vista, foi ele quem me abriu os olhos para uma questão importantíssima do aprendizado: as crianças não aprendem somente quando sentamos para ensiná-las.

Holt foi professor durante toda a vida e escreveu muitos livros sobre aprendizagem e educação infantil. No livro *Aprendendo o tempo todo*, ele comenta: "Eu era um professor engenhoso e cheio de recursos, hábil no planejamento de aulas, demonstrações, formas de motivação e toda a parafernália pedagógica possível. E foi somente aos poucos, e dolorosamente, (...) que aprendi o seguinte: quando passei a ensinar menos, as crianças começaram a aprender mais."

Embora ele estivesse falando mais especificamente da contraposição entre aprendizado formal e informal, é bastante possível aplicar suas palavras à influência que os pais exercem na vida dos filhos, a qual se dá muito menos por meio de palavras e "parafernálias" do que pela força de suas ações. Qualquer transmissão de conhecimento e valores que se faça dentro da família passa, necessariamente, pelas figuras da mãe e do pai. São eles a primeira e maior fonte de influência das crianças. Elas consideram bom o que os pais consideram bom. Elas almejam o que nós almejamos. Elas desejam genuinamente aquilo que veem de genuíno em nós. Não há melhor educador do que o exemplo!

Quando a mãe busca a própria completude ao pensar na educação e ao agir para educar a si mesma — não apenas intelectualmente, mas acima de tudo no espírito e nas virtudes —, ela se despoja do "velho homem" para ascender ao "homem novo", como diz São Paulo, e nisso ajuda seus filhos a fazerem o mesmo. Ela os ajuda a conquistar a verdadeira maturidade e a se tornarem seres humanos integrais, permitindo, assim, a permanência das criaturas de Deus em Deus. Não é essa, afinal, a finalidade última do educar?

É grande e admirável a missão da mãe de educar seu filho, bem como a vontade de fazê-lo do modo mais consciente e intencional possível. Como sabiamente disse o cardeal Mindszenty: "A mulher (...) vai criando no silêncio vidas novas, traça-lhes o caminho e deita a semente num campo que nunca foi lavrado. Nos traços da mãe está impressa a face do povo que há de vir."

Meus filhos não me fizeram mal algum

Susana Blanco Marques

Aos 15 anos eu sonhava em me casar e ter filhos. Pensava em uma família grande com quatro crianças. Preencher uma mesa de seis lugares me parecia estar de bom tamanho — e já muito mais do que o mundo hoje acha... "prudente".

Não se engane, porém. O motivo não estava exatamente amparado na generosidade. O fato de ter um único irmão e o pouco convívio com primos talvez tenham me influenciado nesse desejo "autocentrado": o desejo de não ficar sozinha.

Doze anos mais tarde, realizei o primeiro sonho; um ano e quatro meses depois, o segundo. Mas, antes de seguir com esta história, voltarei no tempo três anos.

No início de 2006, aos 24 anos, fui diagnosticada cardiopata. Meu coração padecia de arritmia cardíaca e prolapso da válvula mitral. Entretanto, por ser assintomática, nunca precisei fazer uso de remédios: apenas me submetia anualmente a exames de rotina.

Essa cardiopatia, que até então não parecia ser preocupante, ganhou outra avaliação durante a gestação do meu primeiro filho. Juntamente com os exames corriqueiros de uma gestação comum, precisei realizar exames cardíacos mais específicos. E, num deles, observou-se que o meu padrão de trinta batimentos incorretos por dia havia aumentado para 30 mil. Essa alteração não só me iniciou no controle profilático, como também me destinou a uma cirurgia cesariana.

Não houve chance de argumentação. A obstetra não podia contrariar a decisão da cardiologista, embora eu tenha insistido veementemente em que estava preparada para um parto normal, ciente de que todo e qualquer procedimento tem seus riscos inerentes.

Apesar da insegurança que me acometeu na véspera e durante a cirurgia, meu filho, João Paulo, nasceu muito bem, e eu não tive qualquer intercorrência.

Em minha segunda gestação repetiu-se o ciclo de exames e remédios. E, após um ano e cinco meses desde o nascimento do meu primogênito, nascia minha segunda filha: Maria Isabela, também por meio de uma cesárea.

O histórico de evolução da cardiopatia durante as gestações, juntamente às duas cirurgias, me deu uma sentença de ligadura. E, apesar de a situação ter nos surpreendido, a esterilização nunca foi uma opção para nós. Sabíamos que existiam outras formas de espaçar uma gestação, caso o motivo fosse realmente justo. A médica recebeu a nossa negativa com certa preocupação, mas eticamente deixou que tomássemos a decisão, que cabia única e exclusivamente a nós, marido e mulher.

Sete meses após o nascimento da minha segunda filha, me vi grávida pela terceira vez. E foi a partir daí que as opiniões de todos os lados começaram a chegar. Alguns médicos e amigos temiam, verdadeiramente, pela minha vida. O pouco tempo entre as gestações, as cesarianas e a cardiopatia eram a justificativa que usavam para o alerta. Entretanto, nunca me esquecerei de um comentário em especial.

Ao chegar ao trabalho, após uma das ecografias, uma pessoa muito próxima me chamou para conversar. Durante a conversa, disse ela que a realidade de uma família numerosa não era para mim; que meus filhos me faziam mal; e que eu deveria me preocupar em estar saudável para eles em vez de deixá-los órfãos. Suas palavras foram duras e cruéis. Por um momento, questionei a veracidade do que foi dito, me entristeci, chorei. Mas, instantes depois, elevei ao céu uma oração, me recompus e entendi que a vida é um dom, que não cabe a mim questionar o dia, o momento e nem a forma que ela começa ou termina.

Meu coração estava na eternidade. Por isso, não mais temi nem duvidei.

Gestar uma alma é sempre uma dádiva, ainda que esse caminho não nos leve ao fim inicialmente desejado. Trata-se de uma entrega de corpo, alma e espírito que se faz voluntariamente e com uma doação generosa.

Pedro Emanuel, meu terceiro filho, nasceu bem: um bebê grande e saudável de uma mãe também saudável, que deixara em casa um filho com 2 anos e alguns meses e uma filha com 1 ano e pouco à espera do irmãozinho, que nascera perto do Natal.

O acompanhamento da quarta gestação começou de forma inesperada e, em certa medida, cômica. Minha médica me dizia que seu esposo, também cardiologista, a havia repreendido por me ter deixado engravidar repetidas vezes em cinco anos com exames tão alterados. Rimos juntas, imaginando como seria possível que ela "deixasse". Nessa época ela já sabia do desejo da minha alma e do meu coração. Mas, não bastasse o desejo, meu coração foi além e quis mostrar algo a mais.

Até ali, para nós (eu e meu marido André), não havia o porquê de nos fecharmos à vida. Apesar dos alertas preocupantes, eu me sentia bem, e a gestação andava com certa tranquilidade. Seria isso a tal paternidade irresponsável? Segui novamente o protocolo, e logo nos primeiros exames constatamos algo inesperado. Meus batimentos estavam regulares. Como isso aconteceu? Não havia explicação.

Continuei seguindo as orientações dos médicos e a cada exame os batimentos estavam lá, todos ordenados. Repetimos vários deles... e nada. Minha médica se espantou com o que via, já que não acontecera nada que pudesse deixar meu coração saudável novamente. Eu não me contive de alegria. Sabia que a mão de Deus estava sobre mim e que nesse mundo não cai um único fio de cabelo sem que Ele permita. Recebi minha Maria Luísa inebriada de alegria; sua vida me trazia mais vida.

A sequência de exames com resultados negativos para cardiopatia se repetiu em todas as demais gestações. Eu não tinha mais arritmia. "Guarde seus exames: um dia a levarei a um congresso, pois seu caso mostra a vida real contrariando a academia", dizia minha cardiologista.

E assim foram chegando, cada uma no seu tempo e trazendo ainda mais vida e alegria à nossa família: Maria Clarice, Maria Cecília e Maria Teresa. Sete filhos, sete almas que vieram ao mundo por meio de cesarianas, em um espaço de tempo de dez anos, de uma mãe cardiopata. Quem poderia imaginar tamanho absurdo? Ou seria tamanha felicidade?

A realidade sempre se impõe. Havia, sim, uma explicação para o que acontecera comigo. Um milagre! E, ao contrário do que diziam, meus filhos não me fizeram mal algum. Eles vieram não só para me tirar da esterilidade da minha vida, como também para curar o meu coração. Talvez este texto jamais pudesse ter sido escrito se eu tivesse seguido os conselhos dos "entendidos" em documentos.

Nossa paternidade é responsável quando fazemos o que é nossa obrigação diante dos nossos deveres, quando temos clara intenção ao nos abrirmos à vida e maturidade para receber as consequências das nossas decisões. A vida real é muito mais do que apenas números e dados. Há algo de sobrenatural infundido no ser humano. Algo que a ciência não explica e que justifica o injustificável.

Até aqui nos ajudou o Senhor. Recebi de bom grado todos os filhos que Ele me deu e os que, se assim Ele quiser, ainda me dará. Faço hoje coro com meu marido ao responder questionamentos sobre a quantidade de filhos: "Não tenho motivos para não tê-los, e você?"

Nosso protagonismo na educação dos filhos

Camila Lavôr

Creio que todos nós, nem que seja na adolescência, já passamos pela sempre constrangedora experiência de ter de ouvir de um avô, de uma avó, de um tio ou uma tia, a boa e velha frase: "Ah, mas no meu tempo as coisas eram diferentes!" A música era assim e assado, o comportamento das pessoas era assim ou assado, as famílias faziam isso e aquilo...

Ocorre que, para a nossa tristeza ou não, já chegamos a uma idade em que também podemos usar este "No meu tempo...".

Talvez não sejamos idosas ainda, mas as coisas mudaram bastante, e a olhos vistos. Na minha primeira infância, a comunicação escrita era apenas por carta: muitos se lembrarão de, na escola, praticar a redação de missivas. Hoje, nem mesmo e-mail as novas gerações estão usando: uma troca de mensagens escritas é feita em segundos, e sem que as pessoas sequer pensem no que estão escrevendo, tamanha automação com que o fazem. Da mesma forma com os filmes: pegávamos os lançamentos no cinema, ou íamos à locadora e alugávamos fitas ou DVDs. Hoje, os adolescentes e muitos adultos passam o fim de semana inteiro vendo uma temporada completa de uma série qualquer sem precisar mudar de cômodo. Com a música? A mesma coisa: esperávamos a música tocar no rádio, ou na MTV, ou então comprávamos o CD para ouvir o álbum *inteiro* do artista. Hoje, basta um aplicativo.

Bem, em geral, todas essas mudanças são muito boas. Já não conseguimos imaginar um sábado à noite em que, querendo descansar ao lado do marido, tenhamos que sair para alugar um filme. Ou para comprar um CD porque ficamos com vontade de ouvir aquela música especial. Ou — o que talvez seja o pior dos pesados do brasileiro — depender dos Correios para mandar uma mera mensagem escrita.

Mas o que isso tem a ver com a educação dos filhos?

Bem, muito. Pois todas essas facilidades, toda a nossa rapidez, podem nos deixar um tanto... acomodadas. Ficamos impacientes. O que demora não nos serve. Esperar é um *sacrifício*.

Ocorre, contudo, que a educação dos filhos funciona como as coisas de *antigamente*. Quantos anos são necessários para educar uma criança de maneira integral? E, por integral, não me refiro a conteúdos técnicos, mas à criança por inteiro: os hábitos, as virtudes, a parte afetiva, a sexualidade, as responsabilidades...? No mínimo uma década e meia — certamente mais. Não é de impressionar que as pessoas venham rejeitando a ideia de ter filhos: trata-se de uma experiência que vai na contramão de tudo o que experimentamos cotidianamente!

E quem pode dar conta de acompanhar uma criança por tanto tempo, atentando para cada um desses aspectos? Apenas os pais. Só os pais têm o filho como esse *projeto* de longo prazo que ele é. E mais: são eles os que estão em melhores condições de explorar o vínculo afetivo que têm com a criança. Sobretudo nos primeiros anos de vida, mas também depois, é a segurança desse vínculo afetivo que torna a criança mais suscetível à educação, à assimilação dos valores, dos exemplos.

Apenas um exemplo bobo, mas que dá um pouco a dimensão do que falo: vocês já viram como as crianças agem numa situação que lhes parece estranha fora de casa? Quando um estranho lhes vem dirigir a palavra, por exemplo, ou alguma coisa fora do previsto acontece: elas olham para o pai e para a mãe. Dependendo da reação do responsável, elas reagem também, do mesmo modo; ficam à vontade ou não.

Ademais, hoje já se comprovou que o contato direto com alguém afetivamente relevante para a criança facilita de maneira incomparável a assimilação de ideias, valores, comportamentos. Nos dias que correm, com esse excesso de *tablets*, de computadores, de celulares e televisão, a gente pode cair na tentação de expor os filhos à tecnologia achando que ela há de fomentar a educação dos pequenos, quando na verdade é muito mais eficaz o contato pessoal com seus responsáveis diretos.

Naturalmente, esse protagonismo dos pais não é um *plus*, algo que fazemos para nos sentirmos bem com a consciência, para causar bom impacto na sociedade. Tudo isso pode acontecer, é evidente, mas trata-se, antes de mais nada, de um *direito* da criança. Ela tem direito à nossa generosidade. É uma questão de justiça.

Admito: para leitoras de um livro como este, posso estar chovendo no molhado. Não preciso dizer que são os pais, e mais ninguém, que determinam os valores, a rotina, os detalhes da educação que devem ser dados a nossos filhos. Tanto é que nos estressamos muitas vezes com a sogra, os tios, as cunhadas, quando se intrometem mais do que deveriam. É por isso que a preocupação com os professores, com as escolas, é — e deve mesmo ser — grande.

No entanto, existe esse abismo entre aquilo que sabemos que é correto, ideal, e o modo como contribuímos para que esse ideal se concretize. De modo específico, o que devemos pensar: uma vez que estamos certas de que os pais são os principais responsáveis pela educação dos filhos, como desempenhamos esse protagonismo numa realidade que é completamente corrida e que nos deixa muitas vezes exaustas, tamanhas são as solicitações profissionais, familiares, sociais? A resposta a essa pergunta é o que determina o sucesso de nossa postura educativa. E esta é uma pergunta que devemos nos fazer constantemente. "Como está minha atuação como coração da família?"

Naturalmente, o protagonismo dos pais se manifesta desde as pequenas decisões até as maiores — ou seja, desde o estabelecimento dos horários, da forma de se comportar, do que comer, até o ambiente que os filhos frequentarão, as pessoas com quem conviverão, o modo de educação a que serão submetidos etc. E é claro que páginas e mais páginas poderiam ser redigidas para tratar de cada um desses detalhes. O que eu gostaria, no entanto, é de mencionar apenas três pontos que me parecem servir como norte para uma reflexão sobre a forma como estamos exercendo o protagonismo materno.

Amor conjugal

Por que trazer o foco para a relação entre os esposos quando o tema diz respeito à relação dos pais com os filhos? Porque é o amor e o alinhamento do casal que dá a estabilidade e a segurança afetiva que ajudam as crianças a serem educadas. Os pais são os primeiros modelos, e sobretudo o modelo de amor. Se essa referência, se o amor que a gerou, é frágil, no que a criança vai se segurar? Se o pai e a mãe vivem às brigas, se são indiferentes um ao outro, a criança começa a tomar partido, começa a contrapor o esposo à esposa... Por outro lado, quando pai e mãe estão alinhados e o filho vê que ambos se amam, que a família é um projeto em comum, ele se sente à vontade para fazer o que os pais esperam dele.

Por isso, é sempre ocasião de nos perguntarmos como estamos tratando nosso esposo. Temos gestos simples de carinho na frente dos filhos? Eles veem detalhes discretos de sacrifício, que tentamos poupar preocupações a quem amamos? Que, talvez, a mãe opte por perguntar sobre as coisas do marido antes de sair falando sobre as próprias coisas? Que é o cônjuge a primeira pessoa que ela cumprimenta ao chegar em casa?

Isso não está diretamente relacionado à educação dos filhos, mas é o que possibilita, em grande medida, a *eficácia* da educação. Pois a educação não vem apenas do ambiente físico adequado, mas também do ambiente afetivo. Que os filhos vejam pequenos gestos de carinho, pequenas gentilezas, do pai para a mãe e da mãe para o pai chega mesmo a ajudá-los a perceber como um homem deve tratar uma mulher e como uma mulher pode se comportar dignamente com um homem. Sei que nos enerva pedir ao marido que procure uma coisa que está ali, diante do nariz dele, e ele não acha — mas elogiemos os maridos, com naturalidade, diante dos filhos. E, é claro, que o casal jamais brigue espalhafatosamente diante das crianças. As brigas são normais e, em alguns casos, podem até ser prova de amor, de que os dois estão querendo acertar, mas devem ficar no quarto, para depois de as crianças pegarem no sono. E devem ser *resolvidas* antes de os dois pegarem no sono.

O uso do tempo

Oferecer o próprio tempo a outra pessoa deve ser, hoje, a maior prova de generosidade possível. Primeiro, porque quase não temos tempo para nada; segundo, porque, quando temos tempo, dificilmente conseguimos estar de fato naquilo que fazemos — estamos com a cabeça no trabalho, pensando no que temos de fazer amanhã, nas contas, nas redes sociais... Isso é reflexo do excesso de informação e do excesso de demandas que vivenciamos rotineiramente.

Agora: o que nossos filhos têm a ver com isso? As crianças só vivem o presente. Elas precisam do pai e da mãe *agora*. Elas não querem saber se você está fazendo investimentos para quando ela entrar na faculdade.

Quem tem mais de um filho sabe, de modo especial, como cada criança é completamente diferente. O que serve para uma não serve para outra. As reações de cada qual diante de um mesmo problema são diferentes. Portanto, para educar os filhos de maneira personalizada, atendendo às necessidades de cada um, é preciso... passar tempo com eles. Não tem jeito. Você só conhece alguém ao passar tempo com esse alguém. E também só influímos positivamente se estamos presentes. Sem presença, na melhor das hipóteses, teremos uma educação terceirizada. Na *melhor* das hipóteses.

Isso também é óbvio para as leitoras destas linhas, mas não são tão óbvios, talvez, os passos que podemos dar para dedicar tempo aos filhos. De todo modo, vale a pena questionar se, ao chegar em casa, não posso deixar o celular de lado por meia hora que seja. Se não dá para se sentar à mesa com os filhos quando eles estão lanchando ou jantando. Se não posso fazer um esforço a mais e contar uma história antes de dormir. Se não estou recorrendo à TV por comodidade, ou se não estou eu mesma esparramada no sofá quando poderia estar sentada no chão, fazendo-lhe companhia.

Esse é um ponto que necessariamente exige sacrifício, que abandonemos um pouco nosso comodismo, nosso cansaço. Mas também é a prova máxima do amor — o que é a prova de amor senão colocar o outro antes de nós mesmos? Dar-lhe até a última gota de nosso sangue?

A formação

Como educar o imaginário de uma criança? Quanto exigir em cada fase de sua vida? Quanto se deve respeitar a liberdade de uma criança e de um adolescente? Como educar a afetividade? E falar de sexualidade? Quais os limites da autoridade do pai? Quando é hora de o pai e a mãe saírem de cena e deixarem o filho "se dar mal"? Como fazer com que a filha colérica seja temperante, paciente?

Quantas dessas perguntas sabemos responder?

Filho não vem com manual de instrução. Nesse sentido, precisamos "profissionalizar" a educação: precisamos nos formar. Como temos agido com relação a isso? De modo especial, procuramos, com jeito, sem artificialidades, trazer nossos esposos para perto nesse assunto?

Mães, vale substituir os *stories* do Instagram e a *timeline* do Facebook por um bom livro que nos ilumine nas dificuldades. Vale questionar se estamos convivendo com gente que pode nos ajudar na prática da educação.

Em suma: nós nos interessamos em saber o que devemos fazer, ou vamos apagando o fogo à medida que ele aparece? Será que nossos filhos não têm direito a esse esforço?

Queridas mães, a maternidade tem muitos, muitos desafios. Mas também nos empurra para a frente e para o alto. E que grande graça é ter um caminho privilegiado como esse para crescermos em virtude e fé, ao mesmo tempo que preparamos almas para ganhar o mundo e o céu!

Ler para os filhos como forma de estar presente

Marcela Saint Martin

Era uma manhã comum de segunda-feira, e nosso filho de 3 anos amanheceu indisposto e vomitando. Nem o remédio nem uma gota d'água paravam no estômago, e, como ele não dava sinais de melhora, comecei a andar pela casa com uma mochila na mão, recolhendo tudo que poderia nos ser útil no pronto-socorro: roupas, biscoitos, um carrinho e dois de seus livros favoritos, que eu sempre lia para ele.

Táxi, recepção, triagem, consulta, enfermaria — algumas horas e uma injeção depois, recebemos alta. Preferi não voltar para casa imediatamente, para dar tempo de a medicação fazer efeito. Do outro lado do hospital havia uma lanchonete, e para lá nós fomos. Escolhi uma mesa a um canto, pedi um pastel e tirei da mochila o lanche que havia trazido para ele. Enquanto meu filho saboreava seus biscoitos, perguntei se queria ouvir uma história. Ele assentiu prontamente, e seus olhinhos brilharam quando puxei da mochila *O gigante mais elegante da cidade*, de Julia Donaldson, que sempre líamos antes de dormir.

Aconcheguei-me a ele e abri o livro, que era grande o bastante para bloquear toda a nossa visão e garantir nosso espaço VIP. E foi ali, ao pronunciar as primeiras linhas, que a lanchonete se transmutou. De repente, não havia mais ninguém ao nosso redor — éramos só nós dois, protegidos pelo escudo de um livro aberto, absorvidos pelas ilustrações e pelas rimas da história, totalmente em sintonia, juntos e completamente felizes.

Depois desse, ele pediu o outro — também uma história de gigante. Assim como fazia em casa, ele se juntava à leitura completando as frases, recitando sozinho alguns trechos e fazendo comentários animados às ilustrações. Quando ele assumia o comando, eu silenciava e o deixava viver o seu momento — às vezes, parecia um pequeno maestro, com o dedo em riste e as frases rimadas na ponta da língua. Quando terminava de pronunciá-las, dava um sorriso satisfeito de quem acabou de quebrar um recorde. Era o nosso momento de leitura em voz alta transportado direto da sala de casa para aquela pequena lanchonete em uma das maiores avenidas da cidade.

Ao baixar o livro e olhar em volta, vimos que muitas mesas já haviam se esvaziado. "Mamãe, não vomitei mais", disse ele, orgulhoso. "Pode ler a história do gigante de novo?"

No táxi de volta para casa, ele se recostou sobre o meu peito e dormiu, e eu fiquei pensando em tudo que significavam aqueles nossos momentos na lanchonete — em como aquela manhã teria sido apenas mais um dia de visita ao pronto-socorro, *se não tivéssemos aquilo*. Fiquei pensando em como, na repetição dos dias de uma família com crianças pequenas, tudo seria um pouco menos *sem aquilo*.

Com a prática da leitura diária em voz alta, havíamos construído um espaço privilegiado para as crianças — um recanto protegido onde podíamos rir (e às vezes chorar) juntos, fazer descobertas, incorporar personagens, interagir de uma forma que só é possível na partilha de uma boa história. Havíamos cultivado uma espécie de jardim secreto, no qual nos encontrávamos com alegria, nos revelávamos e nos descobríamos de um modo muito especial.

Com a leitura em voz alta, podíamos transformar qualquer momento, em qualquer lugar, em uma experiência nossa.

A história que vocês estão prestes a ler é um relato pessoal de como a leitura em voz alta me ajudou a ser uma mãe, uma esposa e uma pessoa melhor. Com toda certeza, eu não seria a mesma *sem isso*, e nossa família também não. Esta é uma história de esperança para cada pai e mãe, e que pode servir de inspiração justamente por sua extrema simplicidade.

Eu não sou uma mãe extraordinária. Vim de onde muitas mulheres da nossa geração vieram: de um mundo onde o casamento e a maternidade ocupavam apenas uma nota de rodapé no livro chamado "A vida que você deveria ter". Mas tive a sorte de descobrir, ao longo do caminho, coisas extraordinárias, e a bênção de ter sido ingênua o bastante para acreditar que elas fariam toda a diferença do mundo para mim. Esta é a história de uma dessas coisas: a leitura em voz alta para as crianças, de como ela fez toda a diferença do mundo para nós e de como pode fazer toda a diferença do mundo para você e seus filhos, independentemente do ponto em que estejam agora.

Como tudo começou

Em meados de 2017, eu estava trabalhando como redatora para o "Como Educar Seus Filhos", do professor Carlos Nadalim — um *site* totalmente dedicado à questão da leitura e da alfabetização. Dentre minhas pautas mais frequentes estava o assunto da leitura em voz alta.

Grávida da minha primeira filha, eu ainda não tinha a real dimensão da importância da leitura em voz alta. Afinal, damos colheradas na boca do bebê quando ele ainda não consegue manusear os talheres; damos banho na criança quando ela ainda não consegue fazê-lo sozinha; lemos em voz alta enquanto nossos filhos ainda não sabem ler. Essas coisas pareciam, naturalmente, pertencer à mesma ordem de grandeza.

Tão grande quanto a minha ignorância foi o meu espanto ao cair nas minhas mãos, no início de 2018, aquela que viria a ser uma das obras mais importantes em minha vida: o aclamado *The Read-Aloud Handbook* (Manual da leitura em voz alta, ainda sem tradução para o português), de Jim Trelease.

Dizer que devorei o livro seria um eufemismo; foi o livro que me engoliu, me digeriu e me devolveu para o mundo transformada. Tudo o que vim a fazer depois, em nossa casa e na internet, se deve ao estímulo inicial daquele livro e a todo o trabalho empreendido por Jim.

Aquele foi o livro que primeiro me despertou para as transformações que a leitura em voz alta opera na vida das crianças — mudanças que se dão, inclusive, no nível cerebral —, preparando-as como nada mais para a vida acadêmica e, afinal, para a vida, sem qualquer adjetivação.

Jim Trelease é um desses sujeitos que poderia ter permanecido no anonimato, lendo tranquilamente para seus filhos antes de dormir, sem nunca dizer uma palavra a respeito para ninguém. Ele poderia ter continuado sua carreira de escritor e desenhista para o jornal de Springfield, Massachusetts, e o mundo jamais veria uma só edição do *Handbook*.

Mas, como o trabalho voluntário é bastante comum por aquelas bandas do mundo, ele costumava visitar escolas para falar às crianças sobre a profissão de jornalista. Numa dessas visitas, enquanto se preparava para sair, um dos livros na estante chamou-lhe a atenção. Ele tinha acabado de lê-lo para sua filha na noite anterior e, tomando-o em mãos, perguntou à turma quem já o havia lido. Alguns braços se ergueram. De improviso e sem qualquer intenção pedagógica, Jim começou a comentar sobre o livro. O entusiasmo espalhou-se por entre as fileiras de crianças como um rastro de pólvora, e o que era para ter sido uma breve despedida transformou-se em uma animada discussão de meia hora sobre um livro que não estava no *script*.

Na semana seguinte, a professora enviou-lhe uma mensagem dizendo que os alunos não paravam de comentar sua visita e que todos queriam ler o tal livro sobre o qual ele havia falado.

Esse foi o princípio de uma grande virada em sua vida, com repercussões que ele jamais poderia imaginar. De tudo que se pode dizer sobre a influência do trabalho de Jim Trelease, talvez baste mencionar que ele é o responsável indireto por alguns programas de incentivo à leitura em voz alta ao redor do mundo (como o polonês *All Poland Reads to Kids*), bem como por iniciativas muito bem-sucedidas de promoção da leitura em vários estados norte-americanos e até no Japão. O *The Read-Aloud Handbook* é um best-seller, e a editora Penguin o considera um dos cem livros mais importantes por ela já publicados em toda a sua existência.

*

Muito bem. Ali estava eu, com o livro de Jim nas mãos, o coração aos murros, artigos para escrever, uma pilha de roupas para colocar na máquina de lavar e um bebê se revirando a cozinha, espalhando panelas e latas de ervilhas pelo chão. Evidentemente, a coisa mais urgente a fazer era ler para minha filha.

Mas que ninguém pense que fechei o *Handbook* e comecei a ler em voz alta com sucesso.

O cenário mais exato é o de uma mãe cheia de altos ideais, uma estante repleta de livros e muito pouco conhecimento sobre o que fazer exatamente: Que livros ler? Em que momento? Por quanto tempo? O que esperar? Como saber se eu estava fazendo direito?

Ao recorrer aos livros infanto-juvenis que tínhamos em casa, encontrei Tolkien, C. S. Lewis, Mark Twain... e uma coletânea chamada *Contos e poemas para crianças extremamente inteligentes de todas as idades*, compilada por Harold Bloom. "Todas as idades", pensei. "É disso que eu preciso."

Deixei de lado os livros de banho que Ester havia ganhado e que eu desprezava por serem infinitamente bobocas, e sentei-me ao lado do berço para ler o intrigante conto "Retratos", que começava assim:

"Muitos anos atrás, à distância de um dia de viagem da cidade de Quioto, vivia um cavalheiro de espírito e modos simples, mas de posses. A mulher, que sua alma descanse, tinha morrido fazia muito tempo, e o bom homem vivia numa grande paz e tranquilidade com o único filho. Eles evitavam as mulheres e ignoravam suas conquistas ou amolações."

Relendo-o hoje, fico admirada de como minha filha, Ester, então com sete meses, não atirou um chocalho contra a minha cabeça. Em vez disso, ela educadamente ergueu-se no berço, projetou a cabeça para a frente e começou a gritar, enervada com aquela leitura lenta, aquelas frases intermináveis (para um bebê) e aquela minha postura pouco usual (acho que até então eu jamais havia me sentado ao lado do berço).

"Tudo bem, é apenas falta de costume", pensei. Com o tempo e a persistência, logo minha filha estaria ouvindo atentamente as mais belas histórias já escritas pelo gênero humano.

Nos dias que se seguiram, retomei minha saga com o livro para crianças "de todas as idades". A diferença era que, agora, ela já não esperava que eu chegasse à segunda página; bastava eu me sentar ao lado do berço com o livro alaranjado na mão para que ela garantisse o boicote à nossa sessão de leitura em voz alta.

Como jamais me ocorreu que minha filha não era uma "criança extremamente inteligente", a resposta para sua intolerância à minha leitura só podia estar em dois lugares: em mim, que devia estar fazendo alguma coisa errada, ou no livro, que devia estar prometendo muito ao se intitular "para todas as idades".

Hoje eu vejo que o erro estava apenas em mim, que não sabia absolutamente nada sobre as necessidades de um bebê — e, se alguma culpa pode ser atribuída ao livro, é apenas pelo título "todas as idades" estendê-lo a grupos etários que estariam mais bem servidos com um bom livro ilustrado e umas frases mais curtas e musicais.

*

É bem verdade que quase metade do livro de Jim Trelease é constituído de listas de livros organizados por faixa etária, mas os títulos estão todos em inglês, e a maioria deles não tem tradução para o português. Eu teria de encontrar livros equivalentes, em terras nacionais, que pudessem substituir aqueles da lista.

(Se essa história fosse um filme, o título seria *Missão impossível*.)

Não é que livros infantis com um texto musical e adequado à sensibilidade dos pequenos, ilustrações figurativas, ordenadas e bonitas, em formato propício a bebês (como os cartonados) sejam difíceis de encontrar no Brasil. Não. Eles são difíceis até de conceber.

Nos Estados Unidos, as listas de livros fazem sucesso porque, de um universo quase inesgotável de boas opções, as listas filtram alguns títulos excelentes, facilitando a vida de quem precisa de escolhas certeiras. No Brasil, elas fazem sucesso porque é um verdadeiro trabalho de garimpo em campo minado.

Foi esse trabalho que iniciei em 2018, quando percebi que a quase totalidade dos calhamaços que eu tinha em casa não serviriam à leitura para minha filha pelos próximos dez anos. Eu precisava encontrar livros mais adequados à idade dela, e visitar livrarias físicas definitivamente não estava ajudando muito.

*

Mas nem só de fracassos foi constituído aquele início. Dentre as primeiras compras de livros que fizemos, estava o *Ou isto ou aquilo*, da Cecília Meireles, e o mimoso *Ten Little Fingers, Ten Little Toes*, da Mem Fox, com as lindas ilustrações de Helen Oxenbury. Eu lia o livro em inglês e descrevia as ilustrações, e era obviamente o livro de que Ester mais gostava.

Nesse ínterim, tive nosso segundo filho, Henrique, e em 2019 nos mudamos de cidade. Todos os livros permaneceram em nossa antiga casa ainda por alguns meses. Sem livros infantis para ler, comecei a comprar alguns títulos novos: *We're Going on a Bear Hunt*, de Michael Rosen (que Ester ouvia com empolgação, mesmo eu lendo em inglês), *Where's Spot?*, de Eric Hill, que eu lia ora em inglês, ora em português (e que ela rapidamente transformou em um livro *sem orelhas*); *As aventuras de Pedro Coelho*, de Beatrix Potter; *O pote vazio*, de Demi; *A casa sonolenta*, de Audrey e Don Wood (e, se querem saber a verdade, ela gostava mesmo era deste último e do *Spot*, obviamente, pelo prazer de rasgá-lo).

Ela havia acabado de completar 2 anos e nossa leitura em voz alta finalmente se restabelecera depois da mudança. Preparei folhetos de poemas para lermos antes de dormir, e ela começou a memorizar nossas leituras cada vez mais rápido. (Eu não fazia questão de que ela as memorizasse, mas era inevitável.) Seu vocabulário crescia a olhos vistos e sua capacidade de expressão também.

Ver seu entusiasmo aflorar com aqueles nossos momentos de leitura enchia meu coração de alegria. Henrique, com pouco mais de um ano, adorava a leitura de *Dorminhoco*, de Michael Rosen. Sendo as duas crianças tão pequenas, era difícil eu conseguir ler para os dois ao mesmo tempo, então procurava ler para ele em um momento separado, em sua caminha.

Eu tinha certeza de estarmos iniciando uma grande história, que continuaria pelos anos seguintes. Hoje era *Dorminhoco*; amanhã seria *Mogli, o menino lobo*, *O ursinho Pooh*, *Heidi*, as narrativas bíblicas de dom Bosco. A catequese deles seria facilitada pelo treino da atenção auditiva, pela riqueza do vocabulário, pelo hábito de ler juntos. Tudo fazia sentido e aquilo nos deixava muito felizes.

Como a leitura em voz alta salvou nossa família

No início de 2020, comecei a tornar público, por meio da minha conta pessoal no Instagram, aquilo que eu vinha fazendo em casa com as crianças. Havíamos acertado a mão com a leitura em voz alta, selecionar bons livros era cada vez mais intuitivo e nossa rotina de leitura já estava consolidada. Agora era a hora de chamar mais gente para a aventura.

Comecei a mostrar nossos folhetos de poemas e um pouco da nossa rotina. Disponibilizei os folhetos no blog (leiaparaseusfilhos. com.br), convocando os pais a lerem para os filhos diariamente. Intensifiquei meus estudos sobre o assunto, a fim de fornecer informações que não ficassem restritas ao meu testemunho isolado.

O retorno que recebi das famílias, desde o início, foi extremamente positivo. Algumas mães jamais tinham ouvido falar sobre a importância da leitura para as crianças — ao menos, nunca tinham visto a questão ser exposta como eu estava fazendo. Outras me escreviam dizendo-se aliviadas, porque sempre haviam lido para os filhos e não sabiam como responder às críticas daqueles que julgavam ser isso uma forma de "hiperestimulação" ou uma tentativa de "alfabetizar a criança precocemente".

O trabalho foi crescendo e ganhando corpo. Responder às pessoas no Instagram era para mim um prazer que logo se converteu num dever. Tornei-me frequentadora assídua de repositórios de pesquisas científicas sobre literacia. Tudo o que eu havia aprendido convergia enfim para um trabalho que era útil, necessário e transformador — um trabalho sem o qual eu já não me via.

O número de seguidores no Instagram havia saltado de 1.000 em setembro de 2019 para quase 9.000 em novembro de 2020. Nove mil famílias interessadas em ler para as crianças! Chegavam relatos de mães admiradas com o interesse e o entusiasmo dos filhos pelo momento da leitura; mães que estavam aproveitando melhor seu tempo com os filhos, pais que estavam conversando mais com as crianças; inúmeras mães relatavam o aumento de vocabulário e o desabrochar da criatividade infantil. Eram histórias de famílias que, ao adotar novos hábitos para priorizar a leitura, haviam descoberto uma forma de se amar mais e melhor. Miraram nas nuvens, acertaram as estrelas. Era a mágica da leitura em voz alta acontecendo.

*

Foi então que outra coisa aconteceu. Num sábado do início de dezembro, meu marido saiu para jogar futebol com os amigos da igreja. Às 16h nos despedimos. Às 17h40, recebo uma mensagem no celular: *"Seu marido sentiu a garganta fechando durante o jogo e pedimos uma ambulância. Estamos indo para um hospital."*

Eu não podia acompanhá-lo, estava sozinha em casa com as três crianças (Francisco contava então com seis meses de vida). Comecei a ligar para os amigos, a pedir que alguém fosse até lá ficar com ele. Eu não tinha ideia da gravidade do que havia acontecido. Ninguém tinha. Nem mesmo os médicos.

Por volta das 22h, nosso compadre trouxe meu marido para casa. Ele mal conseguia parar em pé. Havia recebido alta com o diagnóstico de "estresse pós-traumático". Não conseguia engolir uma gota d'água. Alguns de nossos amigos eram médicos, mas os sintomas desencontrados de meu marido deixavam a todos desnorteados.

No dia seguinte, de manhã, nem sinal de melhora. Ele disse que estava com sede e, ao tentar engolir um pouco de água, teve um ataque de sufocamento que me deixou petrificada. Era como se eu o estivesse vendo morrer afogado ali, na minha frente, sobre a cama.

Depois de mais um retorno sem sucesso ao hospital público (o médico nem sequer o recebeu), e após 12 horas de espera no posto de saúde e mais um encaminhamento infrutífero ao hospital público (ele deu entrada às 23h e recebeu alta à uma da manhã, ainda sem conseguir se manter de pé), tomamos a única medida que nos restava, a qual tentáramos evitar até ali: o hospital particular.

Meu marido deu entrada no hospital neurológico na madrugada de segunda-feira. E ali, no consultório mesmo, diante de uma médica cuja presença parecia resplandecer como um anjo, recebemos a notícia: ele tinha sofrido um AVC isquêmico.

*

A história que se seguiu foi alinhavada por tanta generosidade de todos os lados, que a narrativa será tanto mais verídica quanto mais transbordante de graças e esperança.

Meu marido desenvolveu uma condição rara, chamada Síndrome de Wallenberg, que tem como uma de suas principais manifestações a dificuldade de deglutição. Passada a fase de vertigens e visão dupla, ele continuava sem conseguir engolir absolutamente nada, nem mesmo saliva. Saiu do hospital dez dias depois, com uma gastrostomia (um procedimento pelo qual se insere um tubo no estômago, permitindo a alimentação via enteral).

No dia 16 de dezembro, eu estava na cozinha quando vi meu marido entrar pela porta da sala, apoiado em meu sogro — muito magro, com passos vacilantes, um tubo conectado ao seu estômago e as forças que lhe restavam para encarar sua nova vida.

*

A conta do hospital e os gastos que passaríamos a ter mensalmente com as terapias e a alimentação especial eram algo muito superior às nossas mais otimistas possibilidades de ganho. Dias antes de meu marido sair do hospital, divulguei a situação no meu perfil do Instagram. Minha cunhada criou uma campanha de doações virtual. A notícia se espalhou. O retorno das pessoas foi imediato e maciço — uma onda de generosidade e amor que faz meu coração disparar até hoje.

No dia em que ele deixou o hospital, conseguimos quitar todas as despesas. Foram familiares, amigos e seguidores rezando, apoiando, fazendo doações. Muitos seguidores. Pessoas que nunca havíamos visto, a maioria das quais provavelmente jamais encontraremos pessoalmente. Centenas e centenas de pessoas fazendo o milagre acontecer.

Costumo dizer que a leitura em voz alta salva as crianças. No nosso caso, ela salvou a nossa família — e me salvou de uma circunstância que, de outro modo, teria me levado a um completo colapso.

A leitura que ajuda a pontuar a vida

A chegada dos filhos deu uma densidade à minha vida que, sendo eu desatenta como sou, talvez jamais chegasse a experimentar. Não poder desistir. Não usar o cansaço como desculpa. Não se acomodar nas próprias deficiências. Não deixar nossos filhos sem o nosso melhor de cada dia.

Ler para meus filhos me ajuda a olhar para eles — e para mim mesma — de uma forma mais atenta. Aconchegar-me a eles, ouvir seus comentários, ver o que os emociona, o que os toca, testemunhar essa vida interior que vai desabrochando, a linguagem que vai se desenvolvendo, o prazer que eles têm em recitar seus trechos favoritos e experimentar em si mesmos o poder da literatura como expressão da vida. Quando penso que toda essa riqueza poderia *não ser* — ao menos não da forma como tem sido —, sei que estaríamos perdendo muito. E isso me enche de vontade de continuar lendo para eles pelos próximos anos, explorando juntos toda a riqueza que só pode vir dessa forma específica de arte que é a literatura.

A mágica da leitura em voz alta acontece pela combinação de três elementos: um adulto interessado, uma criança e um bom livro. No papel, a história é só o registro de uma possibilidade, mas, na voz que a lê em voz alta, ela assume corpo e age, movendo os sentimentos e construindo imagens no olho da mente de quem ouve. A leitura em voz alta é essa possibilidade de reproduzir, no seio das famílias do nosso tempo, o costume ancestral de ouvir histórias e aprender ao redor da fogueira; de se unir a quem lê, percorrendo juntos o mesmo caminho; de descobrir tudo o que a leitura pode fazer por nós, embarcando na voz e na expressão de alguém que se doa lendo em voz alta.

Ler para os filhos com comprometimento, intenção e amor é uma das coisas mais valiosas e mais acessíveis que podemos fazer, enquanto pais e mães ocupados que somos, pela vida de nossos filhos. É uma forma de manter com eles um relacionamento sólido através dos anos e conservar um porto seguro onde sempre poderemos nos encontrar — especialmente quando eles já não forem tão pequenos para caber no nosso colo.

Como toda mãe, tenho altas aspirações para os meus filhos. Desejo que eles sejam pessoas íntegras, que tenham discernimento, que saibam viver com seriedade sem jamais perder a alegria. Que eles vivam uma vida com peso e intensidade, mas com a mansidão de quem se sabe criatura, dependente, em última instância, da Providência. Desejo que atinjam a excelência em suas aptidões naturais e minimizem ao máximo suas más inclinações. Desejo que saibam a quem recorrer, quando precisarem de auxílio nos momentos cruciais da vida. E desejo que as melhores histórias e a lembrança de nossas leituras e discussões tenham nisso a sua contribuição, fornecendo modelos de vidas e concretizando destinos que, de outro modo, permaneceriam invisíveis para a sua imaginação.

Em cada um desses pontos, sei que a contribuição que posso dar é modesta. Eles terão de trilhar seus caminhos sem mim, em algum momento.

Mas ainda que eles não se lembrem das histórias que líamos, ainda que esqueçam todos os títulos e autores, tenho certeza de que se lembrarão disto: de que aqueles momentos de máxima conexão existiram, de que havia um amor inquebrantável entre nós e que soubemos valorizar o que merece ser valorizado.

Estou me lembrando de um dia em que minha filha, então com 4 anos, estava me ajudando a selecionar os livros que leríamos naquele mês, quando encontrou *O gigante egoísta*, de Oscar Wilde, na prateleira. Encarando a capa, na qual figurava o gigante de barbas ruivas, ela disse: "Você lia esse livro pra mim quando eu era pequenininha?" Não pude conter o sorriso ao ver aquele pedacinho de gente referindo-se à sua vida de um ano atrás como se fosse um passado distante. E naquele momento percebi que os livros que li para ela foram servindo como marcos da passagem do tempo, e, em sua limitada consciência do passado, nossos momentos lendo juntas ocupavam um lugar importante.

Naqueles dias em que tudo estava tão diferente e meu marido já não lia para as crianças, continuei lendo para elas. A leitura em voz alta era uma reafirmação da normalidade da vida. Tenho certeza de que as crianças se beneficiaram com isso e que foi para elas tão importante quanto foi para mim. Em uma casa que poderia ter sucumbido ao clima de doença e tragédia, ainda ríamos, ainda tínhamos esperança, ainda líamos juntos.

Quatro meses depois, em março de 2021, meu marido voltou a engolir — em uma recuperação que surpreendeu os médicos. Mas foi apenas em agosto, no Dia dos Pais, que pedi ao meu marido que se sentasse no sofá para que eu tirasse uma foto dele com as crianças.

Ele pegou um livro, sentou-se com elas e começou a ler, enquanto eu tirava as fotos. E o que começou como uma encenação foi adquirindo veracidade a cada página. Terminei as fotos e ele continuou lendo a história do pequeno *Rouba-livros* — que parou de furtar quando alguém passou a ler para ele toda noite —, enquanto as crianças se aconchegavam ao papai, absorvidas pelas rimas e pelas ilustrações cativantes daquela história de Helen Docherty. Para mim, aquele foi um marco do retorno do meu marido à rotina da família — uma família leitora.

Há muito mais que eu poderia dizer sobre a leitura em família e em como ela ajuda a estreitar os vínculos com nossos filhos e a desenvolver neles o prazer pela leitura, mas isso pode ser ilustrado por uma história. Em seu livro *Reading Magic*, Mem Fox conta que, durante uma sessão de autógrafos que já se estendia além da conta, uma mulher aproximou-se dela e disse: "Seu livro mudou minha vida." A fileira de fãs não parava de aumentar, mas Mem decidiu ouvir o que aquela mãe tinha a dizer. Ela então contou que o filho, chegado aos 9 anos de idade, simplesmente não conseguia ler. A situação já era considerada preocupante pela escola, que estava prestes a colocá-lo em uma turma especial para crianças com deficiência em leitura.

Após ler o *Reading Magic*, ela passou a acreditar que a leitura em voz alta poderia ser a solução para o seu filho, mas preferia que o pai fizesse a leitura em voz alta, pois o filho o idolatrava. Foram quatro meses até convencer o marido a ler o livro. Vencida a resistência inicial, ele fechou o livro determinado a ler em voz alta para o filho. Foi quanto bastou para a leitura do menino deslanchar. Aos 10 anos e meio, ele era um leitor voraz.

"Mas o mais importante", disse a mãe, "o que eu jamais imaginei que fosse possível, é que agora eles estão mais próximos do que nunca. Eles nunca tinham sido assim antes!". E, neste momento, aquelas duas mães começaram a chorar.

Ser mãe é um negócio sério. Ser mãe nos dias atuais, em que o futuro é um grande ponto de interrogação para todos nós, pode ser uma tarefa sufocante. Aproveitar ao máximo o presente com nossos filhos, colocando as bases que lhe serão úteis e valiosas para a vida que eles vão enfrentar longe de nós, é o que de mais importante podemos fazer por eles.

Para nós, a leitura em voz alta será sempre aquele momento privilegiado de silenciar tudo o mais e conviver, embarcando nos ritmos e nas imagens de uma boa história. Se nossos filhos se tornarão leitores vorazes ou não, se a leitura ocupará um espaço destacado em sua vida ou não, nada disso importa para o pai que abre um livro e o lê em voz alta. Nenhuma pretensão, além de viver o presente com intensidade. Nenhuma expectativa, além da presença alegre dos nossos filhos ao nosso redor. Ler para meus filhos me ajuda a estar 100% presente com eles — e, ainda que a leitura em voz alta não servisse para nada mais, isso seria mais do que suficiente.

Lições de um fotograma da vida comum

Araceli Alcântara

Um pequeno fotograma de uma vida comum.

Ontem, enquanto rezava o terço com as crianças — eu rezava, elas brincavam —, fiquei observando como elas são caóticas e bagunceiras. Em vários momentos pensei em parar, dar-lhes uma bronca, pedir que não fizessem o que estavam fazendo e se sentassem, ao menos um pouquinho, para rezar comigo. Por vezes, eu falava: "Vicente, a mamãe reza a primeira parte e você a segunda." E, se ele respondia uma Ave--Maria, na seguinte já estava lutando ferozmente com o irmão, que rolava no chão feito minhoca.

Seguidamente, enquanto estou rezando com eles, penso em desistir. Ontem, porém, este cenário, esta ausência de respostas do Vicente, minha impaciência interior e meus lampejos para parar foram um tipo de experiência transcendental, e pude entender que tudo o que estava acontecendo ao meu redor acontece por muitas e muitas vezes dentro de mim — e também fora das portas de nossa casa. Acontece no mundo.

Há dias em que tudo é caos; os pensamentos não seguem uma sequência ordenada — similar aos brinquedos espalhados pelo tapete da sala. As emoções e os sentimentos ficam bagunçados feito as peças de Lego que se encontravam por toda a casa. Espadas, escudos, boneca, carrinho, a rotina do dia, os afazeres da casa, tudo parece recair sobre os ombros, as pernas, as mãos... E, assim, o físico padece.

Eu pensei em parar. Mas percebi que não haverá tempo favorável. O tempo urge. É preciso continuar, recomeçar. Talvez precisasse de muito tempo para organizar tudo, dar banho nas crianças, esperar a casa silenciar para depois rezar. A verdade é que já fizera isso e o resultado fora que, quando tudo estava arrumado e quieto, eu não tinha mais energia e disposição.

Prossegui, pois. Fechei os olhos e terminei a última dezena. Rezei com voz mansa e, quando terminei, havia um tipo de tranquilidade e ordem que antes eu não vira. Antes de traçar o sinal da Cruz, as crianças se achegaram a mim e perguntaram se podiam dar um beijo no Crucificado — ensinamos esse gesto a eles desde bebezinhos. E, no fim, os três beijaram Nosso Senhor.

Essa pequena cena, tão breve diante da eternidade, ou mesmo diante da "breve longevidade" da vida familiar, é uma escola de lições. Entre elas, uma escola do olhar.

Observar as crianças, de fato, é um exercício de contemplação. Uma contemplação que internaliza muitas disposições urgentes.

Sim: as crianças têm muito a nos ensinar.

Elas — as crianças —, quando brincam de guerras, levantam a bandeira branca ao primeiro ferido. Têm brigas como nós; inimizades, zangas terríveis... que se dissipam à noite. Vicente e Joaquim brincam e brigam o dia todo. À noite conversam e gargalham como se nenhum empurrão ou soco tivesse acontecido. A noite, nas crianças, dissipa todos os pesares, como se as estrelas, ao se moverem, limpassem as coisas sujas que se pegaram às almas durante o dia.

E nós? Entre nós, tão adultos, a noite chega para acender velhas paixões, vinganças esquecidas, discussões adormecidas. Não somos dóceis às estrelas. Não queremos escutar suas histórias que atravessam o silêncio, tampouco perdoar mal-entendidos. O sol se põe sobre nossos ressentimentos e temos madrugadas pessimamente dormidas.

Ao contrário, é claro, das crianças, que tudo perdoam e muito amam. Quando, a cada dia, as crianças acordam para a vida, acordam a sorrir; para elas, todos os dias são novos. Para nós, que não temos um coração assim, os dias são todos iguais, cheios de rotina e cansaço; todos os dias são velhos.

Como, porém? Como conservar a vitalidade desses dias? "Cada ato de amor conta e compõe a nossa história", disse Russell Kirk. Pois bem: a monotonia dos dias só se vence com amor. Ou melhor, o amor faz com que não haja monotonia nenhuma. O amor dá a tudo sua seiva.

E que diferença faz o amor na família!

Nela, onde tudo começa.

Nela, onde nascem santos e sábios, ladrões e néscios, guerreiros e covardes.

É na família que se funde a vida e, a partir de duas vidas, outras mais vão surgindo. É nela que se experimentam as possibilidades de realização, a profundidade do amor e os vários componentes que constituem uma personalidade humana.

Aprendamos a amar este pequeno pelotão ao qual pertencemos. Aprendamos a importância da presença, do tempo e das datas. Aprendamos a comemorar, rememorar e contar fatos e acontecimentos. Aprendamos sobre tradições e orações.

A olhar. Aprendamos a olhar.

Deste olhar, como naquela sala, naquele pequeno fotograma, palpita o amor que de outro modo eu teria negligenciado — para meu profundo arrependimento futuro. Fortaleçamos os vínculos que perpassam o tempo e adentram a eternidade. Experimentemos o perdão, a força de um abraço e o consolo de um olhar.

É aqui, na família, dentro dos recônditos de um lar, no silêncio das noites e nas agitações do dia, que tudo começa a fazer sentido e trazer sentido à nossa existência. É na família que tudo começa.

Inclusive o céu, mesmo com um mero beijo na Cruz.

Vida longa, Miguel Arcanjo!

Lorena Miranda Cutlak

Quando, em 2014, via Twitter, Richard Dawkins afirmou ser imoral não abortar um bebê com síndrome de Down, foi um escândalo. Mesmo pessoas sem relação direta com a síndrome expressaram seu asco diante da declaração, obrigando o escritor a retratar-se:

"Se a sua moralidade baseia-se, como a minha, no desejo de aumentar a felicidade geral e reduzir o sofrimento, a decisão deliberada de dar à luz um bebê com Down, quando existe a possibilidade de abortá-lo já no início da gestação, pode ser considerada imoral do ponto de vista do bem-estar da própria criança."[1]

Ou seja, pessoas com síndrome de Down sofrem; é melhor poupá-las das vidas miseráveis que estão fadadas a ter neste mundo.

O curioso é que, talvez, muitas das pessoas que se escandalizaram com a frase curta e grossa que o autor soltou no Twitter ("Aborte e tente de novo") tenham considerado razoável sua explicação posterior. A premissa do raciocínio de Dawkins ("pessoas com síndrome de Down sofrem muito") está por trás de muitos comentários que ouvimos sobre a síndrome, alguns, inclusive, bem-intencionados.

Afinal, como posso dizer que minha filha com síndrome de Down é feliz, e que sou feliz por ser sua mãe, se antes de completar seu primeiro ano de vida ela teve de passar por uma cirurgia cardíaca de alto

---

[1] https://www.theguardian.com/science/2014/aug/21/richard-dawkins-apologises-downs-syndrome-tweet.

risco? Se ela não come doces por ter tendência a desenvolver diabetes? Se ela tem de fazer exame de sangue a cada seis meses para o controle da tireoide? Se ela teve de fazer fisioterapia para começar a andar?

Menos de dois anos e uma vida já tão eivada de senões e dificuldades.

No entanto, ontem, 29 de setembro, a Igreja Católica celebrou a festa dos Arcanjos, o que me fez perguntar por onde andará Miguel Arcanjo, um dos bebês minúsculos e gravíssimos que dividiram a UTI cardiológica com minha filha Maria, durante o pós-operatório dela. Miguel Arcanjo, recém-nascido, havia feito a primeira das quatro cirurgias cardíacas de que precisava para reparar seu coração. Quatro. Sua mãe era pobre, morava longe e tinha outros filhos, e por isso o visitava bem rapidinho todos os dias — mas sempre o visitava. Miguel Arcanjo, que não tinha síndrome de Down e mal chegara ao mundo, já fora fisicamente torturado de um modo que a maioria de nós desconheceremos ao longo de nossas vidas.

Curioso: cardiopatias congênitas são muito comuns em bebês com síndrome de Down, mas naquele hospital, durante aquele período, a Maria era a única bebê com a síndrome. Todas as outras crianças tinham o número mais comum de cromossomos e coraçõezinhos que precisavam de reparos.

Conheci muitos casos. Jamais me esquecerei da menininha que nascera com apenas metade do coração e que aos 6 anos também se preparava para sua quarta — e última! — cirurgia. A mãe, orgulhosa por tantas vitórias passadas e pela derradeira vitória, iminente, me contou da saga da família para encontrar um médico que não desenganasse a criança. Desde a gestação, ambas lutaram. E agora a menina estava ali, a um passo da plena saúde.

E, o mais dramático de todos, o caso da menininha na sala de espera da clínica de cardiologia pediátrica. Fizemos os exames pré-

-operatórios da Maria em uma das melhores clínicas de São Paulo. Um dia, havia uma princesinha: cabelos dourados, olhos azuis. Perfeita. Estava com a babá, que contou para toda a rodinha de pessoas da sala de espera sobre como fora ela, a babá, quem primeiro notara os sintomas da cardiopatia da menina; fora ela, a babá, quem pela primeira vez correra para o hospital com a criança roxa; e fora ela, a babá, quem dormira abraçada com a menina durante sua primeira internação. A menina, filha de dois médicos (o pai era... cardiologista!), estava ali, em sua consulta pré-operatória, na companhia da babá. E quem a via, com seus seis ou sete aninhos, sentada no colo da cuidadora, enquanto os dramas de sua vida eram narrados a estranhos em uma sala de espera — a própria cena atestava a veracidade de tudo o que se contava.

Eis um tipo de sofrimento que pré-natal nenhum é capaz de antever. Sem síndrome de Down. Com uma cardiopatia semelhante à da minha filha. Sem mãe.

Quem sofre mais?

Fazer esse tipo de pergunta é tentador, mas, na verdade, trata-se de um questionamento absurdo. Sofrimento e felicidade não são matéria quantificável. Não são *matéria*. Não se podem ver a olho nu. Não se podem aumentar ou diminuir mediante políticas eugenistas ou engenharias sociais.

Talvez a menininha da sala de espera encontre a felicidade a despeito das ausências de sua vida. Quem sou eu para saber?

Pessoas com Down são infelizes, é melhor nem nascerem. Pessoas com microcefalia são infelizes, é melhor nem nascerem. Pessoas nascidas de relacionamentos passageiros serão infelizes, é melhor nem nascerem. Não vou poder dar do bom e do melhor a este filho que carrego no ventre, o melhor para ele é nem nascer.

Convenhamos: sofrimento "do filho", uma ova; as pessoas têm medo é do próprio sofrimento, do "pé no saco" que é ser pai ou mãe daquela criança "doente". Richard Dawkins não quer poupar a vida de pessoas potencialmente infelizes; quer, sim, livrar-se da inconveniência de cruzar com elas pela rua. Para tipos como ele, o melhor dos mundos seria aquele habitado exclusivamente por pessoas saudáveis, fortes, desejadas, planejadas, calculadas — um mundo que não existe, nem jamais existirá, pois significaria a anulação da vida.

Ou seja, a moralidade que tem por base o desejo de anulação do sofrimento, se levada às últimas consequências, torna-se fatalmente genocida, além de seguir no encalço de um propósito inalcançável, já que 1) nenhum indivíduo ou grupo de indivíduos jamais será capaz de determinar quais as fontes de "sofrimento" que, se eliminadas, levarão a humanidade à plena "felicidade": trata-se de um reducionismo estúpido e antinatural; e 2) a vida é sempre mais. Vai ter doença, sim; vai ter dificuldade, sim; vai ter deformidade, sim; vai ter catástrofe natural, sim; vai ter linha torta pela qual Deus escreverá certo, sim; e não interessa a sua opinião sobre este assunto, nem a minha, nem a do Dawkins: não temos, nem jamais teremos a última palavra.

Quem fala por último é Miguel Arcanjo, em meio aos tubos daquela UTI, e sua mãe, que irradiava uma tranquilidade imprevista. Enquanto nascerem e caminharem sobre a terra os eleitos da Imperfeição, não desaprenderemos a viver.

Maternidade e feminilidade

Aline Rocha Taddei Brodbeck

"**E** a mulher será salva pela maternidade" (1 Tm 2, 15). Este ensinamento de São Paulo, constante da Sagrada Escritura, explicita para o que fomos criadas.

Ora, se recebemos um papel de tamanha envergadura, isto é, participar, como cocriadores, da obra divina, auxiliando assim na perpetuação da humanidade, então outras características importantíssimas estão presentes na mulher.

O homem e a mulher foram criados à imagem e semelhança de Deus. Não pelo corpo, dado que Deus é puro espírito. Encontramos essa semelhança na alma. A alma é espiritual e, assim, semelhante a Deus. E nós, seres humanos, somos corpo e alma, formando nisso uma unidade. Nem só corpos, nem só almas. Mesmo pecando, ainda assim mantemos a semelhança com o Senhor. E é dessa imagem e semelhança com o Altíssimo que provém nossa dignidade, conferida de modo ontológico, intrínseco.

Vejam que, apesar de nossa natureza deturpada pelo Pecado Original, somos dignas, e essa fonte da nossa dignidade feminina se dá sobretudo na capacidade de sermos mães. Essa é uma forma de realização específica do seu aspecto de doação. São João Paulo II ensinou: "A mulher não pode se encontrar a si mesma senão doando amor aos outros. (…) A dignidade da mulher está intimamente ligada com o amor que ela, por sua vez, doa" (*Mulieris dignitatem*, 30).

O mesmo Papa, em outro documento, afirmou que "o fundamento antropológico da dignidade da mulher" deve passar pela palavra de Deus, "apontando-o no desígnio de Deus sobre a humanidade" (*Carta às mulheres*, 6).

A maternidade, ainda que não se efetive em todas — por vocação ou por alguma impossibilidade física ou psicológica concreta —, está presente em potência no sexo feminino *in abstratu*; é ela que faz a mulher ainda mais semelhante a Deus em seus acidentes. Como o Pai gera o Filho, a mulher pode gerar sua prole. Traduzir o amor e a vida, eis a realização específica da vocação da mulher, que é próprio de sua feminilidade e decorrente do amor esponsal, lugar privilegiado no qual a mulher deve realizar sua sublime vocação ao amor. E isso a faz toda especial — tanto quanto o homem em sua essência e, ousamos dizer, mais do que ele em seus acidentes, graças ao caráter sagrado de gerar vida. E se vai além: em Cristo, a dignidade da mulher foi ainda mais elevada, dado que a uma mulher, Maria Santíssima, foi conferido ser a Mãe do Senhor:

"Assim a 'plenitude dos tempos' manifesta a extraordinária dignidade da 'mulher'. Esta dignidade consiste, por um lado, na elevação sobrenatural à união com Deus, em Jesus Cristo, que determina a profundíssima finalidade da existência de todo homem, tanto na terra, como na eternidade. Deste ponto de vista, a 'mulher' é a representante e o arquétipo de todo gênero humano: representa a humanidade que pertence a todos os seres humanos, quer homens, quer mulheres. Por outro lado, porém, o evento de Nazaré põe em relevo uma forma de união com o Deus vivo que pode pertencer somente à mulher, Maria: a união entre mãe e filho. A Virgem de Nazaré torna-se, de fato, a Mãe de Deus" (*são João Paulo II, Mulieris dignitatem*, 4).

A mulher realiza sua sublime vocação ao amor pela doação de si mesma a Deus e ao próximo. E isso é uma característica marcante da feminilidade, expressa na maternidade ou na consagração virginal — que é, por sua vez, um modo de maternidade espiritual.

A doação que a mulher entrega à sua família começa no seu corpo, na entrega dele para seu amado. A feminilidade é receptiva. É próprio dela receber a semente do homem em seu seio no ato sexual, gestando e guardando a vida humana desde o início. E o ato conjugal é um poderoso símbolo da união mística entre Cristo e a Igreja. É a Igreja que recebe a Cristo para, com isso, gerar vida sobrenatural, dando filhos espirituais a Deus pela graça. E a Igreja o faz recebendo os dons de Cristo, seu Esposo. A mulher é um símbolo da Igreja.

A esposa recebe fisicamente o corpo do marido, mostrando que são realmente uma só carne. E assim a mulher se torna instrumento para que Deus crie uma vida nova. A mulher, participando da criação divina, sendo cocriadora de novos seres humanos, o faz por sua característica de receptividade. Deus usa da receptividade da mulher para que, mediante a relação íntima do casal, a esposa receba, após o corpo do esposo em si, também o fruto dessa união: um bebê, o qual ela nutre e conserva amorosamente no ventre. "Se efetivamente o homem é a cabeça, a mulher é o coração; e, se ele tem o primado do governo, também a ela pode e deve atribuir-se como coisa sua o primado do amor" (Pio XI, *Casti connubii*, 27).

As mulheres que se esforçam por viver o ideal cristão em plenitude, tal como proposto pelo Senhor, são as que podem colaborar, de modo muito eficaz, pelas características do gênio feminino, por sua delicadeza e vocação ao acolhimento, para a maior humanização da sociedade. "[A] missão particular que compete à mulher, na nossa época tentada pelo materialismo e pela secularização: ser, na sociedade contemporânea, testemunha dos valores essenciais, que não se podem ver senão com os olhos do coração. Vós, mulheres, tendes o dever de ser sentinelas do Invisível!" (*São João Paulo II, Homilia no Santuário de Lourdes*)

Edith Stein insistia precisamente nas características da generosidade e da receptividade como próprias do gênio feminino. Essa receptividade feminina, sobretudo ao amor, com todas as suas consequências, nos eleva como mulheres e aumenta a nossa compreensão das pessoas. E ela se expressa na disposição muito própria da mulher ao acolhimento dos outros, mesmo nos temperamentos mais duros. A empatia e a intuição, o dar amor e recebê-lo de modo efetivo e afetivo, a levam, no mais das vezes, a uma tendência natural à compreensão do outro e à capacidade de promoção do bem dos demais com bastante respeito à sua liberdade.

Sem dúvida, isso tem relação psicológica e antropológica com a capacidade da mulher de ser mãe, de gerar vida em si, participando de forma excelsa da atividade criadora divina, o que a torna naturalmente — e sobrenaturalmente ainda mais, se contarmos com a ação da graça — mais sensível e capaz de, sob o princípio do amor, dar como que um fio condutor às relações entre as pessoas. "O objetivo da mulher é criar harmonia, e sem a mulher não há harmonia no mundo", disse o Papa Francisco (Homilia em 9 de fevereiro de 2017).

Santa Edith Stein diz que a "atitude da mulher tem em vista o pessoal-vivente e visa o todo. Cuidar, velar, conservar, alimentar e promover o crescimento: esse é seu desejo natural, genuinamente maternal". Já desde a gestação, esse tempo que antes era só seu já não lhe é mais. Pertence à sua prole, para que se gaste a eles. Ledo engano daquela que crê que deixou de ser feminina pois tornou-se mãe! Falta-lhe um entendimento de que se arrumar, ter um corpo bonito, é apenas um reflexo da verdadeira entrega, pois a beleza e o corpo também existem para o serviço.

A beleza da vocação da mulher vivida em sua plenitude a fará compreender que a felicidade está na verdade de sua natureza, e isso trará a paz necessária ao coração de todo e qualquer cristão que busca viver em Cristo.

"Se os meus fossem assim, eu também teria vários!"

Olinda Scalabrin

Perdi as contas de quantas vezes ouvi algo nesse sentido de pessoas que, observando os meus filhos, constataram que são crianças fáceis de lidar, em oposição a tantas "naturalmente" difíceis.

Ah! O naturalismo rousseauniano é uma praga. Invadiu a mentalidade moderna de modo sutil e sagaz.

Nenhuma criança nasce boa demais. Nenhuma criança nasce educada. Nenhuma, absolutamente nenhuma criança nasce pronta, fácil, dócil, de bom grado — e não me venham dizer que tal e tal temperamento são mais simples porque isso não existe: o temperamento não muda a natureza de ninguém. Ponto final.

Pois bem. Sempre me aparece, seja pessoal ou virtualmente, insinuações a respeito desta diferença aparentemente natural entre crianças que reconhecem a autoridade dos pais em face daquelas que os tratam de igual para igual.

Como costumo dizer: não é aleatório. Fomos educados para isso — para rejeitar a autoridade em todos os níveis (começando pela autoridade da Igreja, depois de Deus e, por fim, do homem). Lembro-me da famosa revelação de irmã Lúcia, a vidente de Fátima, segundo a qual a guerra contra a família será também o palco da última batalha a ser travada pelo mal.

É geral: os pais perderam a mão. São incapazes de dizer não, de ser firmes, de estipular regras e limites, de punir devidamente. Incapazes. Passam anos e anos como que implorando para que possam interferir, vez ou outra, numa questão ou outra, na educação dos filhos. Parecem galinhas ciscando em volta do pintinho indefeso.

Ocorre, porém, que essa é uma grande ilusão. Os meus filhos não são bons, não são melhores e eu não tenho sorte — eu só não me esquivo do dever de educá-los. Eles não decidem, não controlam, não dão a última palavra, não vencem no grito.

Enquanto os pais substituírem toda e qualquer ação educativa por manobras levianas, enfraquecerão toda e qualquer possibilidade de uma autoridade real. Enquanto viverem presos a meia dúzia de "dicas práticas para que seu filho não faça birra" em vez de assumirem que são crianças e *precisam* da sua *firmeza*, continuarão escravos dessas mesmas dicas que mudam a cada semana. Deve mesmo ser insuportável tê-los assim.

Mães, não tenham pena dos seus filhos.

Vocês não precisam ser grosseiras para ser firmes. Não precisam ser impacientes para ajudá-los a crescer e não precisam fazer todas as vontades para que sejam felizes e tranquilos.

O que todas desejamos para os nossos filhos é que cresçam e estejam preparados para a vida madura — que não é fácil, nem nos permite termos tudo o que queremos e como queremos. E isso não vai acontecer se, por moleza e falsa piedade, sejamos os primeiros a impedir que eles cresçam.

Falsa piedade estendida aos filhos não é bondade. Comiseração não é generosidade.

Faz muito mais bem aos nossos filhos quando somos seguras, transparentes e sinceras do que quando cultivamos em seus corações, por meio de uma desproporção dos sentimentos e condutas, autopiedade.

Não tenham pena dos seus filhos.

Transformando em poesia heroica a prosa de cada dia

Nina Viana

Lá estava eu, há quase sete anos, com um bebê pequeno nos braços entre paredes verde-claras descascadas, como era comum em hospitais públicos.

No auge dos meus 22 anos, que foi também o auge da minha soberba, eu achava que sabia tudo do mundo, que estava acima de todos. Mas ali, com um bebezinho de pouco mais de 30 dias que mal respirava, eu entendi que pouco sabia dele, de mim ou de qualquer coisa. Eu era impotente, e cada respiração daquele bebê me mostrava isso.

Distraí-me por um instante e formou-se próximo a mim uma roda de mulheres, todas com suas crianças adoecidas aguardando o momento de o nome ser chamado. A princípio, eu não tinha pretensão alguma de socializar ali, mas, confesso, estava com uma pulguinha atrás da orelha para saber o que havia acontecido com aquelas crianças. "Estavam doentes pelo curso natural da vida ou suas mães foram negligentes?", eu me perguntava.

Pode ter sido uma curiosidade vã, ou apenas parte de mim entendia que, ao responder a essa pergunta, eu responderia à *minha* pergunta. Teria sido eu também negligente com aquele bebezinho em meus braços?

Antes que meus pés voltassem ao chão, uma das mães disse:

— Eu perdi minha vida quando me tornei mãe! — E completou: — Fui mãe muito cedo, quase não tive tempo de viver minha própria vida.

E falava isso olhando para uma linda menininha doente de 3 anos.

Eu tinha me convertido havia alguns anos e já havia recebido formação religiosa suficiente para entender que a maternidade não nos rouba a vida. Neguei com os olhos. Até com certa braveza. Mas, confesso, no meu coração brotou um: "E se...?"

Até aquele momento eu havia vivido apenas para satisfazer, cuidar, alimentar e fazer a única coisa que me importava no mundo: meu próprio umbigo. Atrás de um véu de caridade que eu facilmente rasgava, havia sempre um ego a ser acariciado: o meu, é claro.

E isso me colocara no meio. No meio, sempre. Medíocre, morna. Minha sensação é a de que eu seria, a qualquer momento, vomitada. Boa demais, segundo minhas autoanálises, para me misturar com os "maus" e me perder de vez. Desgraçada demais para ver algo realmente bom em mim. Uma voz ríspida rasgou o casulo dos meus pensamentos: "Beeeeento!"

O nome que eu ruminei por meses e corajosamente dei ao meu primogênito foi chamado.

Era meu filho. Avaliado, medicado. Ganhara alta hospitalar. E ele não estava tão mal como eu achei que estava. E, talvez, só talvez, eu não fosse tão má como estava convicta de que eu era.

Na porta do hospital meu marido me esperava no nosso Palio 2009.

Estávamos prestes a completar um ano de casados, e já ali com um bebê doente. Chegando em casa preparamos o "arsenal bronquiolite". Olhávamos um para o outro entre uma medicação e outra. E os "E se...?"' se colocavam entre nós dois de tempos em tempos.

Dizem que precisamos esperar um pouco após o casamento para ter filhos a fim de conhecermos, de fato, a pessoa com quem casamos. Porém, foi só nas noites em claro entre uma bombinha e outra que pude, de fato, ver o homem com quem casei.

Ambos viéramos de lares quebrados. Eu, a mais velha de seis filhos; ele, o mais novo também de seis. Nosso primeiro lar se despedaçara na nossa frente e nos encontramos feridos pelos estilhaços. Precisávamos reconstruir isso. Não havia plano B. Precisávamos encerrar o ciclo vicioso de ausência, feridas e dor de onde viéramos.

A noite caía. Eu tinha um medo especial da noite. Peguei o pequeno bebê e tentei colocá-lo para dormir. Ele não dormia. Não conseguia respirar deitado, mas ficava bem no meu colo. Assim o fiz. Sentei na beira da cama, ele dormiu como um anjo, estando eu toda desconfortável para conseguir segurá-lo. Dormimos, se podemos chamar isso de dormir. Ele ficou bem. Assim, abrindo mão do meu bem-estar e da minha incolumidade física, meu filho se sentia melhor e eu me tornava um pouco menos débil.

Eu, que achava que dar sentido à vida equivalia a concretizar um grande feito revolucionário, começava a entender que a minha libertação iniciava quando eu conseguia parar de olhar para mim mesma, superar a minha busca pela salubridade e colocar o bem daquele que eu amava acima de mim.

Aquele dia marcava a minha saída do meio. Mas era apenas o início da jornada.

Quando descobri a minha segunda gravidez, eu não estava muito bem. Emocionalmente, parecia que não ia conseguir enfrentar mais um dia; psicologicamente, parecia que havia um abismo na minha mente de onde eu deveria me jogar; financeiramente, não sabíamos se teríamos o básico no dia seguinte.

Meu marido conseguiu um trabalho que não atendia a nossa realidade, mas, após dois anos sem trabalhar formalmente, aceitamos. Ele começou a trabalhar na quinta e descobri a gestação na sexta.

Não vou mentir: eu não estava bem e achei que não fosse conseguir. O que exatamente? Não sei. Mas eu não via luz naquela situação toda... E agora mais um bebê? Como eu seria capaz?

No entanto, mal sabia eu que a luz que eu tanto precisava era justamente aquela que havia acabado de descobrir: Francisco, nosso pequeno *poverello*.

Francisco nasceu em casa, sem eu esperar ou planejar. Peguei aquele bebezinho no colo sem saber o que fazer: só o peguei, abracei e amei. As roupinhas não estavam organizadas ou passadas. Não tinha nada preparado além do que sobrara do irmão.

Olhei para aquele pequeno no meu colo e nada pude fazer além de me perguntar: "O que faço agora?"

E foi o que eu fiz todos os dias desde então.

Qual é o melhor momento para ter um bebê? Não sei responder isso agora. Mas qual foi o melhor momento para ter o Francisco? Naquela tarde de agosto, certamente.

É curioso: quando fazemos um bebê nascer, dizemos que o demos à luz. Mas, nesse caso, foi Francisco quem me trouxe à luz. E ele me traz a luz e à luz todos os dias desde então.

Fiat lux! Et vidit Deus lucem quod esset bona et divisit Deus lucem ac tenebras.

Deus fez a luz. E viu que ela era boa e a separou das trevas. Assim, o mesmo Deus que me deu o Francisco viu que ele era bom para mim e dissipou as trevas do meu coração.

Aqui em casa chamamos ele de "luz do mundo", pois ele é a luz do nosso pequeno mundo, da nossa pequena Igreja, e espero que um dia ele possa ser também "luz do mundo" para o mundo. Olhar para o Francisco é como me colocar diante de um espelho e ver o melhor de mim e, ao mesmo tempo, ver as tantas virtudes que me faltam.

Francisco nasceu no inverno, mas com um calor de verão e já anunciando a primavera. Assim é ele: revela que, apesar da dureza do inverno, do ardor térmico do verão, as flores virão. Lindas e desabrochadas.

E quando pensei que já tinha todo amor que podia carregar, brotava no seio da nossa família uma linda flor, Catarina. Uma flor pequena, porém, forte, resiliente e que com todo seu vigor trazia as primeiras brisas do outono. Aqueles olhos amendoados enormes e diligentes arrefeciam um coração duro e inflexível. "É preciso pedir-te mais: porque podes dar mais e deves dar mais": eis o que ecoava em meu coração. Ali, tudo se justificava.

Só que, naquele momento, três me parecia ser um bom número.

Os iogurtes no supermercado são vendidos em múltiplos de três.

Três era o número de caminhas que cabiam na nossa casa de dois quartos.

Três era o número de crianças que cabiam nos bancos de trás do nosso Palio 2009.

Nosso sofá é de três lugares.

Três crianças espremidas cabiam em nossa mesa de jantar.

Três me parecia um bom número... mas chegou o Inácio, o quarto filho.

Ele não cabia no quarto dos irmãos, não cabia no carro, não cabia no sofá.

Ele não cabia no meu coração vacilante, inflexível, cheio de melindres e mágoas.

Mas ele veio e eu precisava fazê-lo caber.

E, com muito esforço, fizemos mais um quarto; compramos uns móveis usados; recebemos algumas roupas doadas; trocamos o carro;

apertamos todos no sofá. E, principalmente, fui curando um coração machucado com o amor involuntário dele — ou melhor: com o amor voluntário de Deus por nós que chegava por meio dele, com seus sorrisos sem propósito, com seu cheirinho inconfundível, com suas necessidades urgentes de sobrevivência.

Tirei muita coisa ruim de mim, pois ele precisava caber e coube. Nunca foi uma questão de espaço, mas de disposição para amar um pouco mais. "A pessoa que não se decide a amar para sempre vai achar muito difícil amar realmente, nem que seja por um só dia", acertou São João Paulo II.

Hoje, quatro me parece ser um bom número. Flores? Não somente.

Há também as dores e os espinhos. Mas amamos mais as rosas quando não esquecemos da nossa empreitada para colhê-las.

Hoje compreendo que aquela mãe com a filha adoentada tinha razão; a maternidade nos faz perder a vida. Eu perdi tudo que eu tinha, perdi tudo que eu era.

Eu perdi tudo, mas não me faltou nada. E então, já despojada de tudo, pude encontrar a melhor parte de mim.

Eu, que mal queria ser vista, tornei-me, como me ensinou uma amiga, a igreja da praça: é por ela que todos no entorno se orientam temporal e geograficamente. É para esse ponto central que todos se voltam quando se sentem perdidos.

Eu, que me sentia inútil, era quem sempre estava ali quando aquelas pequenas mãozinhas me chamavam para grandes trabalhos.

Dizem que a rotina mata o amor, mas foi justamente na amorosa repetição do cotidiano que recebi a oportunidade de me encontrar. Foi ao servir a quem eu amava que pude me sentir senhora da minha própria narrativa. Foi no meu cansaço pelo outro que pude descansar. No amor, como bem disse Madre Teresa.

Enquanto tentava me poupar, Cristo me chamou a dar um pouco mais. Porque aquele que quiser salvar a sua vida perdê-la-á. É nas nossas próprias circunstâncias que devemos ser fortes e manter a fortaleza. Então confiram suas âncoras, lancem suas velas, coloquem seus coletes, pois a tempestade de hoje em breve vai cessar, mas outras tormentas certamente virão.

O verdadeiro descanso não está na nossa autopreservação, mas na sensação do dever cumprido, na certeza de que não abandonamos nenhum pequenino na trincheira. O que nos descansa verdadeiramente é a certeza e o esgotamento do corpo pelo serviço ao outro. "O presente, ainda que custoso, pode ser vivido e aceito se levar a uma meta e se pudermos estar seguros desta meta, se esta meta for tão grande que justifique a canseira do caminho", confirmou Bento XVI na *Spe salvi*. E assim, olhando para a realidade, abraçando a verdade com beleza e bondade, vamos cumprindo, como dizia São Josemaria Escrivá, a missão cristã de transformar em poesia heroica a prosa de cada dia.

Ama muito aquele que ama o tempo todo. É muito feliz aquele que encontra a alegria nas pequenas coisas. Os "lares luminosos e alegres" não são frutos do acaso, mas brotam do coração materno para o coração daqueles que escolhemos cuidar e amar.

Amor, dai-me os pomos

Karina Bastos

Há alguns anos, pululam textos do que se convencionou chamar de *maternidade real*, um movimento aparentemente natural com intenções de desromantizar a maternidade. Trata-se de um ativismo que procura expor as dificuldades corriqueiras da mãe moderna no cotidiano. A boa intenção dessa exibição de perrengues seria a de gerar entre as mulheres um apoio psicológico mútuo, para saberem que não estão sozinhas, que todas enfrentam situações adversas.

Na prática, o que se vê é um muro de lamentações virtual que escancara a imaturidade de uma geração e estabelece toda sorte de cobranças sobre os homens. Na tentativa de justificar as lamúrias, uma das principais alegações do movimento é de que existiria uma cultura predominantemente machista alimentada por relacionamentos e "práticas de estereótipos de gênero que, muito provavelmente, foram construídos e aprendidos ao longo da infância"[1] (*O psicólogo online*, 2022).

Segundo essas ideias, o homem vai moldando sua mente, desde cedo, ao ouvir frases como "O homem não pode chorar!", "Menino não pode brincar de boneca", "Você é um homem ou um rato?", entre outras expressões. Diante dessas frases comuns, são encaixadas outras

---

1 Karine David Andrade Santos, "Igualdade de gênero: como extinguir os relacionamentos violentos?", *O psicólogo online*, 2022. Disponível em: https://opsicologoonline.com.br/igualdade-de-genero/.

com verdadeira gravidade, como "Eu sou homem, e quem manda nesta relação sou eu!", "Mulher não manda em mim", ou ainda "Sou eu que mando aqui!". Além de crenças impostas aos homens, a dita cultura machista também definiria ideias e práticas direcionadas ao universo feminino, como o incentivo a brincar de bonecas e fazer esportes, digamos, de menor brutalidade.

Essas reclamações fazem parte das inúmeras alegações do movimento *maternidade real* para convencer a mulher de que a maior causa de sofrimento em sua vida não provém da realidade bruta da vida mesma, nem das próprias escolhas, mas principalmente da maldade dos homens, da qual ela precisa se libertar para alcançar uma igualdade de gênero que lhe traria a verdadeira alegria. Diante dessa nova conjectura, elas desejam que os homens dividam todas as tarefas com elas, e a isso chamam de igualdade.

Quero propor algumas reflexões a partir de uma história da mitologia grega que, apesar de evidentemente muito antiga, carrega traços de teor contemporâneo, pois muitos mitos permaneceram durante os séculos por conta de sua capacidade de descrever realidades de modo profundo e universal. Ainda que movimentos feministas usem esse mito — o de Atalanta — para tentar validar sua ideologia, eles o fazem de modo enviesado, segundo o *modus operandi* do movimento. Tentarei demonstrar como a jovem Atalanta, apesar de crescer com alguns atributos considerados masculinos, encontra sua verdadeira feminilidade no momento em que deixa de confrontar — e, por que não dizer, no momento em que deixa de culpar — os homens.

Atalanta é uma heroína que foi rejeitada pelo pai, o rei Iaso. O motivo do abandono foi ter nascido menina (também os meninos podiam ser abandonados, vide Páris, um dos filhos do rei de Troia). Deixada no alto de uma montanha, Atalanta foi adotada por uma ursa, que cuidou dela junto de seus filhotes. Atalanta contou com a proteção de Ártemis, deusa da caça. A menina cresceu e desenvolveu habilidades pouco comuns para as mulheres: caça e atletismo. Além de bela, destacou-se em competições por toda a Grécia e passou a compor equipes de caça nas quais até então só competiam homens.

Quando o rei soube dos triunfos de Atalanta, arrependeu-se e convidou a filha para morar novamente com ele. Ela passou a viver como uma princesa, mas não desejava casar-se. Sob a insistência do pai com relação ao matrimônio, a jovem impôs uma condição: ela se casaria apenas com um competidor que conseguisse vencê-la em uma corrida. O homem que perdesse o desafio seria morto. O juiz das corridas seria Hipómenes.

A princípio, Hipómenes não intencionava disputar a mão de Atalanta, mas aos poucos a convivência com ela o deixou apaixonado. Como ele não era veloz na corrida, contou com a ajuda de Afrodite, deusa da beleza. Ela o presenteou com três pomos de ouro (algumas versões falam de maçãs, outras de romãs, frutos que simbolizam o matrimônio e a fecundidade). Hipómenes deveria atirá-los diante de Atalanta quando ela o ultrapassasse.

Atalanta sentiu pena do jovem quando ele a desafiou — tinha certa estima pelo rapaz — e não queria vê-lo como os muitos outros que perderam a corrida e foram mortos. Mas ele insistiu e a corrida começou. A moça ficou confusa quando, ao ultrapassá-lo, viu-o jogar o primeiro pomo. Atraída pelo brilho do fruto, parou para pegá-lo. Em pouco tempo, contudo, ela estava à frente novamente, vendo-o jogar o segundo pomo. Ela parou e, desviando o caminho, pegou o pomo outra vez. A corrida aproximava-se do fim. Atalanta estava novamente à frente. O cansado rapaz atira o último pomo e a moça hesita em pegá-lo e perder a corrida. Sob o encanto de Afrodite e com o coração já apaixonado, ela decide pelo pomo. Hipómenes vence, conquistando, assim, a mão da princesa.

Comparemos Atalanta à mulher contemporânea. A feminilidade é rejeitada por parte da sociedade, assim como Atalanta foi rejeitada por ser menina. Ela desenvolveu habilidades extraordinárias, capazes de destacá-la em tarefas tradicionalmente masculinas: o esporte e a caça. Não estou dizendo aqui que a mulher não possa ou não deva exercer atividades mais comuns aos homens. É claro que, embora haja uma maneira de ser peculiarmente feminina, a mulher não está limitada às suas aptidões. Sabemos que a mulher é capaz de destacar-se em tarefas que não fazem parte de suas habilidades naturais.

Só o embotamento subjetivo poderia negar à mulher a capacidade de exercer outras profissões além de esposa e mãe. A experiência das últimas décadas é a de que, no fundo, a experiência de todos os tempos confirma essa verdade. É lícito afirmar: em caso de necessidade, qualquer mulher normal e sadia pode exercer uma profissão. E mais: não há profissão que não possa ser exercida por uma mulher.[2]

O que está em jogo é outra situação. A educação das mulheres — e dos homens — sofreu uma brusca mudança, colocou a vida profissional no centro da existência humana, minimizou as diferenças de funções entre os sexos e modificou completamente os relacionamentos. Mas a realidade física e biológica obviamente não acompanhou a transformação.

Só quem estiver ofuscado pela paixão da luta poderá negar o fato óbvio de que o corpo e a alma da mulher foram formados para uma finalidade específica. A palavra clara e incontestável da Escritura expressa aquilo que nos está ensinando a experiência diária: a mulher é destinada a ser companheira do homem e mãe dos seres humanos. Para isso está preparado o seu corpo, é a isso que corresponde igualmente sua pecu-

---

2 Edith Stein, *A mulher: sua missão segundo a natureza e a graça*. Campinas: CEDET, p. 52.

liaridade psíquica. (...) Cuidar, velar, conservar, alimentar e promover o crescimento: esse é seu desejo natural, genuinamente maternal.[3]

Em outras palavras: a realidade da natureza se impõe. E aqui eu quero passar ao próximo ponto. Vamos comparar a corrida de Atalanta contra Hipómenes ao casamento: homem e mulher estão correndo — vivendo —, mas apenas um pode estar de fato à frente da família. O casamento não pode ser uma corrida, mas a vida profissional muitas vezes o transforma nisso. Ademais, também é extremamente comum que a função de condução do lar recaia naturalmente sobre o provedor majoritário da família. Então o relacionamento entre marido e mulher é diretamente afetado pela condição profissional de cada um e de suas respectivas remunerações.

Quem é casado sabe que não é possível dividir igualmente todas as decisões e as responsabilidades por elas. Alguém precisa estar mais à frente. A *dianteira* é precisamente a *condução* do lar; o conjunto de decisões familiares importantes é estabelecido pela cabeça: o chefe da família. Ora, a tradição cristã ensina e atesta que o homem é quem tem a primazia deste dever.

O marido é o chefe da família e a cabeça da mulher; e esta, portanto, porque é carne da sua carne e osso dos seus ossos, não deve sujeitar-se a obedecer ao marido como escrava, mas como companheira, isto é, de tal modo que a sujeição que lhe presta não seja destituída de decoro nem de dignidade. Naquele que governa e naquela que obedece, reproduzindo nele a imagem de Cristo e nela a da Igreja, seja, pois, a caridade divina a perpétua reguladora dos seus deveres.[4]

A retirada da família como cerne da sociedade a partir da priorização dos seres humanos enquanto profissionais modificou completamente as estruturas sociais; as relações passaram de primárias para

---

3 *Ibidem*, p. 48.
4 Leão XIII, Carta encíclica *Arcanum divinae sapientiae*, 10 de fevereiro de 1880, n. 8.

secundárias. Estamos diante de um cenário pelo qual a mulher passou a estar, na prática, em pé de igualdade com o homem. Isso deveria, em tese, trazer equilíbrio. Como a questão não fica apenas na superfície, mas aprofunda muito, as raízes alcançam e ferem a natureza humana de homem e mulher. O resultado são inúmeros relacionamentos fugazes e guerra entre os pares; mulheres sobrecarregadas e homens que mais parecem meninos.

Com relação às tarefas naturalmente femininas — como o cuidado com os filhos —, não raro a mulher deixa de priorizar essa responsabilidade devido ao trabalho e à carreira. Assim como Atalanta cresceu aprendendo a caçar e correr, a mulher cresce focada primordialmente no aspecto profissional da vida. O pomo de ouro é o elemento que evoca outros aspectos que precisam da atenção da mulher. Simbolicamente, o pomo de ouro também remete à imortalidade. Comparemos os pomos aos filhos. Eles são almas imortais confiadas por Deus a nós. Parar de correr, pegar os pomos e deixar que o homem assuma a frente é priorizar as tarefas que são naturalmente femininas. É curioso notar: ainda que Atalanta se desvie da corrida para pegar os pomos, ela quase vence o desafio contra Hipómenes! E não é possível que a mulher assuma mil responsabilidades e, ainda assim, estar na dianteira da família? Mas vencer, nesse caso, é decretar a morte do companheiro.

Note que o nome Atalanta é o feminino de Atlas, um personagem mitológico condenado a carregar o mundo nas costas. Pois não é justamente o que acontece? A conjuntura atual favorece que a mulher acumule muitas responsabilidades e esteja como que a carregar o mundo nas costas. Quando a mulher precisa — ou quer — desempenhar várias tarefas simultaneamente, é comum enfrentar dificuldades nessa dinâmica. Sem uma personalidade forte, madura e forjada, há um grande risco de colapso psicológico diante da gestão dos inúmeros deveres que assume: como esposa, mãe, empreendedora, educadora, profissional e provedora financeira, seja parcial ou majoritária. A situação se agrava quando o casal entende que precisa dividir igualmente a responsabilidade de conduzir a família, ou quando a mulher é obrigada a assumir a frente conforme a situação.

O âmbito e as modalidades de tal submissão da mulher ao marido podem variar de acordo com as diferentes condições das pessoas, lugares e tempos. Além disso, se o marido está faltando com seus deveres, as mulheres devem tomar o seu lugar na direção da família.[5]

Todavia, a mulher pode em muitas circunstâncias, assim como Atalanta, escolher não estar à frente. Pode priorizar os pomos, em vez da vitória da corrida. E é interessante observar que assim ela verá aquele que outrora era o seu oponente reconquistar seu lugar. Trata-se de uma mudança que se inicia a partir do movimento dela. Ela escolhe não correr à frente para estar onde é preciso estar. "Ao corresponder a seu chamado, as mulheres conseguirão garantir um reconhecimento adequado do valor singular da feminilidade e de sua missão crucial no mundo."[6]

O final do mito de Atalanta não é feliz, no entanto. Hipómenes se esquece de agradecer a Afrodite pela ajuda. Ela pune o casal, transformando-os em leões. Ou seja, não basta desempenhar bem os papéis na família. É preciso que Deus seja o centro de tudo, que tudo seja por Ele e para Ele. Uma vida que não é voltada para a transcendência é uma vida animalizada.

Há um casal que nos ensina muito sobre esse tema em particular e que serve como inspiração no âmbito dessa temática. Trata-se de São Luís e Santa Zélia Martin, os pais de Santa Teresinha do Menino Jesus. Ele, relojoeiro; ela, rendeira. O negócio da senhora Martin

---

5   Papa Pio XI, Carta encíclica *Casti connubii*, 31 de dezembro de 1930, n. 10.
6   Alice von Hildebrand, *O privilégio de ser mulher*. Campinas: CEDET, 2020, p. 38.

tornou-se mais rentável para a família, a ponto de o marido fechar a loja para trabalhar com a esposa. Ele passou a administrar a empresa dela, cuidando de toda a administração do negócio e da família como um verdadeiro *pater familias*. O trabalho não era fácil: os dois trabalhavam muito, inclusive à noite.

"É o manhoso ponto de Alençon que me torna a vida difícil", suspirava ela. "Quando tenho demasiada afluência de encomendas sou uma escrava, mas da pior escravidão. Quando não há trabalho e me vejo com os encargos de vinte mil francos às costas e sou obrigada a dispensar operárias que me custaram tanto a encontrar, e tenho de mandar para outros fabricantes, há certa razão para me atormentar, e por causa disso sofro pesadelos! Mas então? Não há remédio senão resignar-nos a encarar o caso o mais corajosamente possível."[7]

Mesmo com uma vida de trabalho intensa, o casal Martin soube viver de acordo com suas atribuições individuais em profunda harmonia. "A família é um santuário onde Deus reina, uma escola onde almas se elevam, uma cidadela onde a raça se refugia e, em casos de necessidades, se entrincheiram com suas reservas de virtude."[8]

Diante da configuração contemporânea comum a inúmeras famílias, pode ser que nós mesmos estejamos vivendo desse modo desordenado, em desacordo com a natureza e a graça. Uma mudança se faz necessária. E não é preciso *desromantizar* a maternidade, mas redescobri-la em sua natureza. A mudança pode não ser tão simples, e possivelmente será custosa e lenta. O que nos motiva é saber que o equilíbrio harmônico de uma família reside, precisamente, nas diferenças entre homem e mulher. Cada qual com suas característi-

---

7 Stéphane Joseph Piat, *História de uma família: o lar onde floresceu Santa Teresinha*. Minha Biblioteca Católica, 2018, p. 81.
8 *Ibidem*, p. 424.

cas é chamado a colocar-se a serviço naquilo que lhe é peculiar. Se fomos ensinados de modo divergente da realidade natural, o que nos cabe é descobrir o caminho e atender ao chamado de amor, que se manifesta na doação de si em cada momento e em cada situação em que formos requisitados.

Da sala de aula para a mesa da cozinha

Karen Mortean

Alguma vez já passou pela sua cabeça a ideia de que as crianças podem aprender em casa sem frequentar a escola? Parece algo difícil de conceber, eu sei... Mas crianças assim existem! E meus filhos são algumas delas. A prática de não realizar o estudo formal da criança na escola é conhecida como educação domiciliar, porém o termo mais frequentemente utilizado é americano: *homeschooling*. Essa informação não é nova para todo mundo porque o *homeschooling*, apesar de pouco divulgado, é uma prática que vem crescendo há mais de uma década em nosso país. Nossa família, por exemplo, já o vivencia desde 2012, muito embora até 2011 eu nem sequer soubesse da existência dessa modalidade: era algo que não morava nem mesmo na minha imaginação, e até ali eu já tinha dois filhos na educação infantil.

Era uma mãe que os havia colocado na escola por pressão social. Em 2008, quando meu segundo filho nasceu, minha filha ainda ia completar dois aninhos e eu já me dedicava inteiramente à família; havia deixado meu emprego na UTI Neonatal antes mesmo de ela nascer. Eu e meu marido, de fato, sempre estivemos convictos da importância de as crianças crescerem num ambiente seguro e afetuoso na presença dos pais, e por isso fizemos de tudo para que somente um de nós estivesse fora de casa. Ainda assim, nossa convicção não era suficiente para não enviá-los tão cedo à escolinha. Eu achava minha filha tão pequenininha para passar quatro horas longe de casa! Mas o "mundo" não. E, quando seus 3 anos de vida se aproximaram, eu ouvi todos os argumentos possíveis sobre a importância inegociável de ingressá-la no mundo escolar.

Esses argumentos não são poucos: o que uma criança de 3 anos tem para fazer em casa? Como você será capaz de preencher o dia inteiro de uma criança? Criança precisa conviver com outras crianças! Crianças só se tornam independentes longe dos pais! Essa criança ficará muito apegada... Crianças precisam disso e daquilo. Resumindo, o ambiente familiar não é o suficiente para crianças pequenas, e, portanto, é preciso mandá-las para a escola o mais rápido possível.

Porém, argumentos sobre "o que as crianças precisam aos 3 anos de idade" ainda não eram o suficiente para preencher os pré-requisitos de constrangimento sobre uma família que quer ficar com os filhos pequenos em casa. Também é importante minar toda a confiança da mãe e dar-lhe ideias limitantes sobre sua capacidade de cuidar de tantos filhos pequenos — e no meu caso, naquela época, eram somente dois! Sendo assim, surgiram mais e mais argumentações sobre como eu conseguiria dar conta de duas crianças pequenas, de que as crianças me deixariam exausta, de que no futuro, sem tempo para as minhas coisas, culparia os filhos... Naquela época eu não entendi quanto estava sendo engolida por essas ideias, e nem posso culpar quem as falava: todo mundo, pouco ou muito, está influenciado por esses pensamentos. E eu simplesmente os comprei.

Inicialmente, aceitei a escolinha como um mal necessário, porque a minha realidade não se alinhava com o que era dito nessas conversas. Minha filha tinha uma rotina superdefinida: pela manhã, depois de acordar e tomar café, brincava ao ar livre com outras crianças no parquinho; em alguns dias da semana fazia esporte; depois do almoço tirava uma soneca, brincava de novo... Tudo estava indo muito bem, e meu cansaço não era nada demais: eu também me cansava quando trabalhava fora de casa — entre o hospital e as aulas que dava, chegava a trabalhar 18 horas seguidas, dormindo somente umas cinco, seis horas. No entanto, as pessoas acham legal dizer que passam noites acordadas em seus projetos pessoais, enquanto falar que ficaram acordadas cuidando de um bebê não dá nenhum tipo de prestígio. (Em algum momento, num tipo de inconsciente coletivo, as mulheres acreditaram que podem assumir cargos desafiadores em suas profissões, mas são incapazes de cuidar dos filhos e passaram a pagar outras mulheres para que cuidem. Isso chega a dar um nó na cabeça da gente: a mãe não consegue cuidar, mas a babá consegue, a avó consegue, a professora consegue...)

O fato é que o tempo passou. Acostumei-me com a presença da escolinha em nossas vidas; e, apesar de achar bem pesada a rotina diária de horário, uniforme, trajeto, acreditei que não poderia mais dar conta dos meus filhos sem a presença escolar. Essa rotina exaustiva realmente não era coisa da minha cabeça, mas uma realidade: a criança com 2, 3, 4, 5 anos é obrigada a passar aproximadamente duzentos dias do seu ano frequentando a escola, diariamente, no mesmo lugar, convivendo com as mesmas pessoas, anos após anos — e a carga horária só aumenta. Se a criança ficar por meio período na escola, estará oitocentas horas por ano longe de casa; se em período integral ficará entre 1.200 e 1.400 horas na escola. Se ainda contarmos que ela cumpra uma rotina de sono de oito a dez horas diárias, o tempo dos filhos com os pais só diminui drasticamente.

Primeiro eu queria ficar com os pequenos em casa. Depois, acreditei que precisavam estar na escola. Olhando para trás, seria injusto dizer que a experiência na educação infantil foi de todo ruim para os meus filhos, porque isso não é verdade. Era uma excelente escola e sou grata por toda a atenção que recebi ali. No entanto, não era uma necessidade nem dos meus filhos, nem, principalmente, nossa, os pais. E todo mundo sabe que o melhor para as crianças pequenas é ficar com seus pais. Trata-se de uma realidade que muitas vezes não queremos enxergar, mas todos sabem que é veraz.

E, então, tudo mudou

Quando minha filha completou 5 anos, uma nova fase começava na sua experiência escolar: a alfabetização. Durante esse processo de aquisição da leitura, todos na sua turminha aprenderam a ler, menos ela. De modo geral, quando isso acontece, começa a acender nos pais uma luzinha vermelha interior. Seu filho está saindo da média! A escola pediu que tivéssemos um pouco de paciência, e nós tentamos ter, porém a luzinha continuava piscando. Era evidente que alguma coisa não ia bem. Aprender a ler tornou-se um sofrimento para minha filha. Em casa, direcionamos todos os esforços para ajudá-la na alfabetização, mas não foram suficientes. A escola não conseguia mais alcançar as necessidades dela, e num primeiro momento nós também não conseguíamos. Percebemos que era necessário buscar ajuda, procurar respostas. Depois de seis longos meses de investigação, tivemos o diagnóstico de dislexia. Minha filha padecia desse um transtorno de aprendizagem: a criança é inteligente, desenvolve-se normalmente, porém as vias de leitura no seu cérebro possuem uma espécie de barreira, precisando encontrar atalhos e novos caminhos. E foi precisamente nesse ponto da nossa história que descobrimos o *homeschooling*.

Em 2010, conhecemos uma família que voltara da Espanha e que em pouco tempo tornou-se muito próxima. A regularidade de nossos encontros era semanal, pois existia algo muito em comum entre nós: adorávamos estar com nossos filhos e levá-los para passear. E, nesse meio-tempo, eles haviam iniciado a educação domiciliar. Acompanhar tão de perto uma família em que as crianças ficavam o tempo todo com a mãe — e mais, que aprendiam a ler e escrever com ela — despertou-me do meu adormecimento. A vontade que tinha de ficar com meus filhos em casa não era uma escolha impossível. E aquele exemplo de dinâmica familiar foi restaurando a minha confiança. Esse foi um ponto fundamental na minha vida de mãe; era uma resposta para os meus anseios do passado.

Junto a essa experiência pessoal, vinham à tona as necessidades da minha filha. Ela precisava de um ensino completamente individual e personalizado para desenvolver-se, e era evidente para nós, pais e profissionais que a atendiam, que a escola não conseguiria atender às suas demandas. Então, se ela não poderia aprender com os outros, iria aprender do jeito dela, com sua família. Nós entendemos a dificuldade que a instituição escolar tem para acolher crianças com alguma limitação, é um ambiente para o desenvolvimento coletivo.

Eu e meu marido não pensamos duas vezes quanto à escolha do *homeschooling*. Eu queria ficar com as crianças em casa e podia ensiná-las fora do sistema escolar, e essa era uma realidade de muitas famílias em outros países. Então a decisão não foi nenhum tipo de impasse dramático: sabíamos do que nossa filha precisava, sabíamos que com o dinheiro da mensalidade poderíamos investir num estudo personalizado e sabíamos que teríamos mais tempo com as crianças. Tiramos as crianças da escola, e nossa meta era fazer o *homeschooling* por seis meses. Após esse período refletiríamos sobre a experiência e decidiríamos se seguiríamos com a prática ou retornaríamos para a escola. Desde então, até hoje reavaliamos nossa vida, e sempre decidimos pelo *homeschooling*.

Da sala de aula para a mesa da cozinha

Pensem: naquela época as referências em educação domiciliar no Brasil eram mínimas. Tínhamos poucas coisas definidas. Contudo, elas gozavam de altíssimo grau de prioridade: alfabetizar a nossa filha e continuar seu desenvolvimento no raciocínio lógico-matemático. Ciências, história e geografia estavam então em segundo plano. Passamos da sala de aula para a mesa da cozinha. Após seis meses, nossa primeira avaliação foi superpositiva. Primeiro vinha o fato de que nossa filha estava feliz e com sua autoestima de criança reestabelecida durante o processo de alfabetização. Os choros para aprender cessaram. É tão emocionante esse começo para mim, para a família, que meus olhos sempre se enchem de lágrimas ao lembrar.

Nós caminhamos no *homeschooling* e construímos o nosso próprio esquema ao mesmo tempo. Inicialmente eu não sabia que material usar, que cronograma adotar, quantas horas estudar. E vejo isso acontecer até hoje com muitos que chegam até mim. Foram horas e horas de pesquisas quase no escuro. Mesmo assim, em meio ao aparente caos, nossos filhos desenvolviam-se na leitura, no raciocínio-logico, num ambiente seguro e cheio de afeto. E os outros conteúdos que inicialmente não eram prioridade naturalmente aconteciam, porque, numa família atenciosa, dedicada principalmente em oferecer bons livros dos mais variados assuntos, é muito difícil o conhecimento não acontecer. O nosso *homeschool* foi moldado com livros, passeios, experimentos, jogos, brincadeiras, artesanato, visitas a parques, museus, encontro com amigos, viagens, encontros científicos e literários. Todos os momentos eram oportunidade para aprender. É muito difícil definir os limites entre educação domiciliar e vida em família. Este é um modo de viver.

Fomos nos desescolarizando. Entre erros e acertos, íamos realizando a nossa tarefa de família educadora. Compramos livros bons e livros ruins, jogamos livros fora. Iniciamos projetos que não terminamos e outros estudos que se estenderam e que nunca acabam, pois sempre há algo novo para aprender. Usamos material didático e criamos lições, contratamos professores, estudamos em grupo, assistimos aulas *on-line*. E o nosso *homeschool* continua até hoje se compondo como algo muito dinâmico. As crianças crescem, novos filhos chegam... Tivemos de aprender a trabalhar com uma criança, duas, três, a adaptar o ensino às mais variadas faixas etárias. E eu, no meio disso tudo, também fui aprendendo, é claro: estudei de astronomia a Idade Média, da alfabetização a anatomia. Perdi a conta de quantos livros infantis já li e de quantas vezes tentei deixá-los todos organizados!

A educação domiciliar é muito mais do que sentar numa cadeira e seguir uma lista de conteúdo. Trata-se da liberdade que as famílias têm de assumir o comando pessoal da educação dos seus filhos e romper com a ideia de que só se produz conhecimento dentro da escola. A família educadora não é especialista em educação infantil ou alguma disciplina específica: é especialista no seu filho. Não existe maior interesse do que o dos pais em que seu filho aprenda. Se alguém me pergunta o que é fundamental para se fazer *homeschooling*, sempre respondo: muita dedicação e tempo.

Quanto à escola, ela sempre estará aberta para as famílias que precisam, para as famílias que escolheram o sistema tradicional. Não há dicotomia entre o *homeschooling* e a escola; ambos têm suas vantagens e desvantagens. O mais importante é que nós, pais, estejamos atentos e muito próximos da formação de nossas crianças e que sejamos, em qualquer dos casos, os verdadeiros protagonistas da educação dos nossos filhos.

Mãe e pai: companheiros de caminhada

Bruna Morselli

É tão bom ser mãe, poder receber abraços apertados de braços pequeninos, carregar uma vida dentro da barriga, sentir os chutes... É bom amamentar, sentir-se importante como única fonte de alimento daquele bebezinho, e depois ajudá-lo a descobrir um mundo de outros sabores... Eles vão crescendo, e então chegam as palavras, o "eu te amo, mamãe", acompanhado do presentinho: um desenho ou uma florzinha colhida no jardim.

Sim, é bom ser mãe. Sempre sonhei com isso: de criança já sabia o nome que daria ao meu primogênito. Mas nem sempre tive compreensão de quão imensa é essa vocação — e isso, vejo, ocorre com muitas outras pessoas. Eu observo isso. Vejo pelas conversas, pelas notícias, pelos acontecimentos.

A conversa sobre ter filhos na mídia, nas redes sociais e nos papos entre amigos revela a mentalidade geral, que alterna entre alguns extremos, todos eles inverídicos e incompletos. Há quem não queira ter filhos, pois acredita que sejam um estorvo e não valha a pena. Há quem já os teve e, deparando-se com a inesperada necessidade de doar-se, se revolta, elaborando longos e lamurientos discursos sobre "maternidade real". Há também quem os queira de forma egoísta, sem conhecer a fundo toda a grandeza da missão de formar uma alma humana, imortal.

Confesso que eu era dessas últimas. Queria muito ser mãe. Essa vontade gritava dentro de mim, embora eu não soubesse tudo o que isso implicava. Por mim, assim como para muitas pessoas, não importava se eu estaria casada, dentro de um matrimônio com um bom companheiro. Cresci em família "moderna", com mãe solteira e pai ausente. Se conto isso não é para me lamentar ou culpar alguém. Realidades como divórcio, famílias desestruturadas, brigas por guarda de filho etc. atingem as pessoas muitas vezes como vítimas: elas não souberam agir de outra forma, faltou quem as ajudasse, ou mesmo houve quem lhes desse um empurrãozinho para o precipício.

Mas, voltando ao meu ponto: quando nova, queria ser mãe sem pensar muito no pai. Isso parece estranho. Felizmente, contudo, Deus me deu a graça de encontrar um companheiro maravilhoso que, mais do que apenas cuidar de nós e se fazer presente numa época em que eu ainda era muito imatura, abriu meus olhos para a importância de quem está ao lado.

Isso foi fundamental no processo. Vindo nosso primeiro bebê, percebi que, de fato, ser mãe era muito bom, com tudo aquilo que já pude mencionar. Porém... havia poréns. O trabalho era grande: uma necessidade de doar-se imensa e inesperada. A angústia de saber se eu estava agindo certo ou não se fazia sempre presente, coisa que continuou ao longo do tempo, se não aumentou. Dilemas sobre cuidados com o bebê, a melhor forma de colocá-lo para dormir, como fazer a introdução alimentar e o famigerado impasse sobre o uso ou não da chupeta foram cedendo lugar a dúvidas mais sérias sobre a formação da criança, sua educação e seu comportamento. Houve fases muito difíceis, em que me perguntei sobre como poderia seguir adiante com as necessidades de nosso filho.

Nosso, e não *meu*. Pois meu esposo estava presente em todos os momentos, mostrando de forma incontestável como eu seria um fracasso se tivesse seguido voluntariamente com a "produção independente". Na hora da angústia, na hora do medo, na hora da dúvida, com quem é que a mãe pode se abrir e desabafar? Quem se preocuparia com aquela criança da mesma forma que a mãe, a ponto de também sentir dúvidas e pensar profunda e amorosamente sobre os problemas, em busca da melhor solução?

Ninguém senão o esposo, pai da criança. Ele é insubstituível. Porque é também, com a mãe, o genitor, o único capaz de amar a criança de forma, se não idêntica, pelo menos comparável à da mãe. Somente ele é capaz de se importar tanto. Ele conforta nos momentos difíceis, escuta os desabafos da mãe com sincero interesse e busca em conjunto soluções — afinal, trata-se de seu filho. E mais: também nos momentos alegres, ele é a única pessoa capaz de equiparar-se à mãe na admiração, na alegria, no deleite dos cuidados e conquistas dos pequenos. Quem mais seria capaz de compartilhar equivalentemente e com tão imenso e sincero amor os momentos felizes com as crianças? Somente o esposo.

Não me levem a mal: não digo que avós, tios, primos, amigos, parentes e demais não sejam capazes de alegrar-se com nossos filhos, rirem de suas gracinhas, admirarem-se com sua beleza e graciosidade, se preocuparem e darem conselhos. Eles de fato fazem tudo isso. Mas nada é comparável, sob o olhar da mãe, ao amor verdadeiro de um pai com o qual a mãe é capaz de encontrar correspondência, identificar-se e, consequentemente, abrir seu coração e confiar plenamente.

Contudo, o mundo hoje parece tentar passar a todo custo a mensagem de que o pai é substituível.

Se há condições de força maior que fazem com que existam famílias em que a mãe leva sozinha toda a difícil missão de criar os filhos, isso não é justificativa para que a ausência do pai seja banalizada.

Lembro-me perfeitamente de uma amiga que veio me visitar após meu primeiro bebê ter nascido e comentou como estava planejando, no futuro, uma produção independente, como queria muito ter um filho sem necessidade de marido. Eu, ouvindo aquilo, com um bebê pequenininho, lembrei-me de como pensava antes e concluí: que loucura!

Infelizmente é essa mentalidade que predomina, causando prejuízos "silenciosos" a muitas famílias e a muitos filhos. Digo que os prejuízos são silenciosos pois a criança que cresce nessa situação não nota a falta, pois antes se acostuma com a ausência paterna. Para ela é o normal. A mulher que é mãe também acaba se acostumando a levar toda a educação e criação sozinha, afinal é a vida. Mas o vácuo está ali, a ausência permanece e causa consequências psicológicas e sociais que diversas estatísticas já provaram inegáveis.

É preciso, no futuro, todo um processo para a criança se curar dessa mentalidade. O perdão é fundamental: perdoar a ausência a que foi submetida na infância, aceitar a própria história e reconhecer que é possível fazer diferente, que é possível fazer melhor, que é possível buscar o certo quando for formar a própria família.

Analisando a fundo tudo isto, não posso deixar de pensar como a Igreja é sábia em seus ensinamentos. Justamente, para ela, a união dos esposos deve dar-se somente dentro do matrimônio, devido à sua capacidade de dar à vida outro ser humano.

Com efeito, é bom e justo que a criança nasça no seio de uma família em que possa receber o amor da mãe e o amor do pai. É belo que o matrimônio seja assim ordenado. Quando não é desta forma que se começa (o que é muito frequente), há sempre o chamado de Deus para a conversão e volta ao caminho. Deus opera milagres e transforma vidas com a sua graça: basta abrir-se ao chamado. Não podemos esquecer que Ele também escreve certo por linhas tortas.

João Paulo II, em sua *Carta às Famílias* de 1994, diz que "paternidade e maternidade representam em si mesmas uma particular confirmação do amor, cuja extensão e profundidade original permitem descobrir. Isso, porém, não acontece automaticamente. É, antes, um dever confiado a ambos: ao marido e à esposa. Nas suas vidas, a paternidade e a maternidade constituem uma 'novidade' e uma riqueza tão sublime que apenas 'de joelhos' é possível abeirar-se delas".

Vejo que as pessoas estão carentes destas sábias palavras. É preciso muita oração pelas famílias. Pelas mulheres, para que percam a desconfiança generalizada nos homens e essa suposta autossuficiência que, na verdade, é um egoísmo disfarçado; para que busquem um matrimônio virtuoso e um esposo em quem possam depositar a sua confiança e respeitar. Pelos homens também, para que sejam fiéis ao seu dever, à sua família e às suas responsabilidades. Para que ajam em correspondência com o que são: insubstituíveis.

Olho para a minha família e vejo como os meninos são abençoados em ter um pai em seu lar que cuida deles com tanta alegria, e também como sou abençoada por poder compartilhar tudo com meu esposo. Sempre juntos, a vida fica mais leve. Somos companheiros de caminhada.

"Devo florir onde Deus me plantar"

Iracema Sanches

Nós, humanos, que por natureza vivemos em comunidades, somos seres sociais e, como tais, naturalmente imitamos e naturalmente aprendemos pela observação e imersão. Todavia, já há alguns séculos, temos seguido por um caminho de isolamento, de dissociação e substituição desses modelos "instintivos" por novos, quiçá mais "conscientes", "racionais". Tudo isso se dá de forma bastante contínua, fluida e, em certa medida, meritória. Não se trata de um processo ruim em si mesmo, pois foi assim que a tecnologia se desenvolveu (não apenas no campo da tecnologia da informação, mas também na medicina, agricultura, engenharia etc.), a qualidade de vida (grosseiramente) melhorou e certas facilidades se popularizaram de tal maneira que não conseguiríamos sequer imaginar nossas vidas sem elas. Basta pensar na energia elétrica, por exemplo.

Dentro desse processo, a mulher se emancipou, se profissionalizou, se especializou, adentrou a academia, a política e assumiu altos cargos em empresas e instituições. Foi nesse caldo que crescemos. As *millenials* receberam dos seus pais a clara ideia de que era necessário ser independente, estudar, se especializar, buscar formação acadêmica e cargos representativos. Segundo essa mentalidade, minha avó, que foi sempre mulher forte, mas igualmente atenta e solícita ao marido, tivera uma vida digna de pena e de correção.

Eu, como servidora pública e psicóloga, lido frequentemente com mulheres que, ao se depararem com a maternidade, veem um buraco abrir sob seus pés. Algumas vezes, por consequência de libertinagem e descompromisso, concebe-se um bebê inesperado; noutras, mesmo dentro de um casamento "estável", em que se entende que a chegada dos filhos é um processo natural, não se tem a menor ideia das implicações que se aproximam com essa mudança. Todas essas mulheres colocam em xeque a natureza humana por simples incapacidade de adaptação, de senso de proporção e de desprender-se da imagem idealizada que carregam consigo desde a infância e a adolescência.

Passamos (coloco-me nessa "massa") vinte anos transitando entre os bancos de escola e academia para, no fim, ocuparmos alguma vaga em que, ainda que pague mais do que ganha boa parte da população brasileira, seremos completamente substituíveis e subaproveitadas. Afinal, quantas vagas de "elite" existem no mercado de trabalho, principalmente fora dos grandes centros? E quantas pessoas estão realmente aptas a ocupá-las?

Mas, enfim, chegamos... Para as que chegaram, não é mesmo?

Até que o relógio biológico apita, a "sociedade" cobra, o marido espera ou o "imprevisto" acontece, e logo um bebê é concebido. Muitas de nós nem percebe que a vida ganhará um novo ritmo até que a barriga pese demais, até que se aproxime a data do parto ou até que, por fim, o chorinho do recém-nascido quebre toda a previsibilidade e toda a ordem que pensamos haver conquistado.

Santo Tomás diz que é natural aquilo para que se inclina a natureza. Aqui, ela — a natureza — não corre (mais ou menos) suave como corria o fluxo da nossa vida acadêmica e funcional. Aqui ela mete o pé na porta. Aqui ela avança como um tsunami, se expande como um incêndio. Aqui ela cobra seu preço. Aqui, as mais atentas, ao segurar um recém-nascido quentinho nos braços, vão entender que, ainda que não tenham ideia do que virá, aquilo não diz mais respeito a elas, aos títulos, a condecorações, salário e currículo. Aqui, mais do que aquilo que é possível forjar na nossa educação formal, mais do que se possa atualizar e conhecer com a razão, grita um corpo que está há milhares de anos se especializando em continuar a raça humana e um bebê que atualiza nossa matéria unida à do pai. E mais: ela traz ao mundo um novo ser dotado de uma alma singular, modelada e infundida num acontecimento único da vontade de Deus.

Parafraseando Adélia Prado, inaugura-se uma linhagem.

O que antes fora, aparentemente, um suceder de atos naturais (da nossa parte, não da parte de Deus), agora tem seu componente transcendental: uma pessoa inteira depende de mim.

Observo nesse ponto dois processos.

O primeiro é o daquela mulher que ainda não teve coragem de abraçar o que tem se apresentado. Para algumas, é um imenso pesar "abandonar" (caberia muitas aspas aqui) sua "carreira", seus "sonhos" e seus anos investidos em tempo e esforços. Não conseguem por um só momento observar que estão presas a algo estritamente material, limitado e num campo em que são perfeitamente substituíveis (afinal, como empregadas, nenhuma empresa para ou entra em colapso pela falta de uma única funcionária). Essa mulher não consegue perceber que, em breve, nem haverá mais um bebê.

Essas mesmas mulheres que passaram vinte anos se preparando para determinada ocupação, que enfrentaram chuva, sol, desrespeito, cansaço e fome para ascender na profissão, esperam que, por terem concebido, gerado e parido mantendo o olhar lá fora, no mundo material, a criança se comporte como um *pet* bem treinado, que não lhe cobra atenção, tempo ou cuidado. Jamais questionaram que, se tivessem dedicado um quinto do tempo e da energia que consumiram pelas causas materialistas para observar, entender e aprender aquilo a que se inclina por natureza a mulher, talvez não viessem a sofrer tanto. Afinal, aquilo que não conhecemos ou dominamos torna-se muito mais difícil e enfadonho.

Para muitas, a vida vira um mar de amarguras e frustração, e não demora até que ouçamos o cada vez mais comum: "Eu amo meu filho, mas odeio a maternidade."

O outro processo acontece com mulheres que em algum momento da maternidade despertaram. Entenderam que o que acontece ali não tem fim em si mesmo. Sua linhagem, seu reino, agora reverbera na eternidade. Porém, exigências inúmeras da vida (e, aqui, cada uma sabe muito bem onde é atingida) a impedem de poder dedicar-se exclusivamente aos filhos. Ela, sabendo agora seu papel diante daquela pessoa única num período delicado e determinante da vida que é a primeira infância, precisará continuar a atender as demandas materiais que urgem ao seu redor.

Nesse caso, encontro muitas mulheres que ficam amarguradas não por terem abandonado o *status*, os bens e a recompensa material do trabalho, mas pelo justo oposto: por terem, todos os dias, de encarar de novo e de novo aquele ambiente que condensa sua maior frustração, de se distanciar das crianças e deixá-las sob o cuidado de terceiros. Não há de se estranhar que aconteçam até demissões em decorrência dos problemas em aceitar esse novo contexto. Aqui também podem acontecer adoecimentos, atrasos, faltas, baixo rendimento e problemas de convivência — e tanto quanto no primeiro caso.

Nos deparamos então com dois contextos diferentes e igualmente problemáticos. Ambas as "mulheres" da história não terão outro destino além da frustração, da amargura e do eminente adoecimento, a menos que se decidam livre e conscientemente por abraçar as próprias histórias e circunstâncias.

É necessário um esforço voluntário para nos contrariarmos a nós mesmas e, fugindo da zona de conforto, reconhecermos deliberadamente nosso contexto atual, a fim de atuar nele com desejo de realização e excelência. Se pensarmos bem, é isso o que ensinamos aos nossos filhos quando pedimos que obedeçam ou sejam responsáveis, mesmo quando contrariados. É parte da (auto)educação, é parte do amadurecimento.

"Devo florir onde Deus me plantar", disse Santa Clara. Ou, como afirmou Adélia Prado: "[...] ser coxo na vida é maldição pra homem. Mulher é desdobrável." Isso não é maternidade tóxica, não é imposição social, não é escravidão. Ao contrário, é liberdade. Liberdade de quem escolhe viver o que a vida (ou a providência?) apresenta, sem se fazer escravo do próprio ventre, dos desejos, deixando quem depende do nosso ofício — como mãe ou como profissional — perecer por nosso egoísmo. Liberdade de servir e saber que se deu por inteiro naquilo que era necessário e que pessoa nenhuma no mundo poderia dar. Também é natureza feminina: o cuidado, a receptividade, a flexibilidade, o acolhimento. Abraçando nossas circunstâncias, temos também a oportunidade de doar o melhor de nós, aquilo que recebemos por natureza.

"Não devemos permitir que ninguém saia da nossa presença sem se sentir melhor e mais feliz", disse Madre Teresa de Calcutá. É essa a vida que vale a pena, é aqui que crescemos e fazemos crescer. Em casa ou fora dela.

Maternidade, vida e reconciliação

Narlla Bessoni

Café preto, 45kg, metrô lotado todos os dias, depois ônibus. Depois dois empregos, ônibus de novo. Quando a marmita do almoço azedava — e era fim de mês —, não tinha jeito: espera chegar em casa para comer. Às vezes tarde da noite, depois da aula na universidade. Quarenta e poucas horas, mais outras tantas na sala de aula. Eu ia à missa também, diariamente. Namorava, tinha amigos. Mas — obviamente — tudo era vivido assim, de forma fragmentada, apressada, às vezes até angustiada. Entretanto, era o que eu tinha, e eu realmente acreditava que estava fazendo o que era preciso.

Assim foram os anos que precederam o início da minha jornada como esposa e mãe.

Tinha fama de organizada e produtiva, mas lá no fundo eu sentia os efeitos da pressa, do medo de não ter como pagar as contas e colaborar em casa. Vivia atrás de uma oportunidade melhor. E isso também foi, aos poucos, me desconectando da realidade: não importava mais ao que eu precisaria me submeter; eu precisava de *boas oportunidades*. Precisava pagar as contas, a faculdade, a passagem. Havia uma divisão interior em mim: desejava viver a vida com dignidade, mas não estava suficientemente disponível para mim mesma. E, de quebra, para ninguém.

Namorei meu esposo por quatro anos, dois deles à distância. O oceano Atlântico nos separava. Ele, de uma pequena cidade localizada no Sul da Inglaterra, me mandava cartas manuscritas, flores e até chocolates. Fazíamos da experiência — prematuramente batizada pela distância — um lugar de encontro e compromisso.

Quando, depois de retornar ao Brasil, nos aproximávamos da data do casamento, o assunto filhos se tornava cada vez mais objetivo. A pergunta ecoava dentro de mim: quando tê-los? Trazia inúmeros projetos não refletidos à luz do que realmente importava, porque nem eu mesma sabia. Planos sobre carreira, salário, pós-graduação, vida acadêmica. Títulos e *oportunidades*. Nada era suficiente para me fazer parar. Tive nesse tempo um episódio marcante de esgotamento físico e mental. A ocasião rendeu uma convulsão, mãos tortas, vômitos, desmaio e um choque de realidade. Eu não tinha nem 30 anos e estava naquele estado.

Seis meses antes do casamento, fui me consultar com uma ginecologista da minha cidade. Ela sempre foi conhecida por ajudar os casais a aprenderem métodos naturais de regulação da fertilidade. Esses métodos ajudam a mulher a conhecer o próprio ciclo, de modo que tenha algum controle sobre quando se pode ou não engravidar.

Minha principal motivação era ir lá para aprender — de uma médica — como eu faria para não engravidar logo. Este era, inclusive, o conselho mais frequente que eu recebia. "Deixem para ter filhos depois de um ano! Vocês precisam se adaptar."

Eu acreditei.

Ocorre que, nesta consulta, a dra. Marly me perguntou: "E os filhos?"

"Bem", respondi, "não sei bem. Acho que vamos esperar um pouco para tê-los".

Lembro-me bem de que minha resposta teve a mesma carga afetiva daquelas provas orais da escola nas quais não tinha a menor ideia sobre quão certa ou errada eu estava.

A doutora foi enfática: o filho do dia 7 de abril (data do meu casamento) não será o mesmo do dia 7 de setembro. Ela se sentou comigo e começou ali a me contar inúmeras verdades sobre filhos, matrimônio e família. Eu saí do consultório debaixo de lágrimas. Não eram lágrimas de tristeza, mas de alegria, de epifania. Lágrimas de um encontro singelo e concreto com a Verdade. Se eu estava pronta para me casar, deveria estar pronta para acolher filhos.

Casamos. Domingo, 15h, o segundo domingo da Páscoa. Encontro de Tomé com Cristo, Festa da Misericórdia. Tantos encontros, tanta beleza, um dia lindo. Oito meses depois, o nosso primeiro filho foi concebido. E eu achando que havia demorado. Depois de abrir o coração, eu passei a querê-lo logo.

Fui mãe aos 28 anos. Um menino branquinho, pesado e de choro intenso chegou depois de quase 15 horas de trabalho de parto. Meu primeiro encontro com a maternidade — como via de reconciliação — aconteceu na hora de parir. Nunca me imaginei louvando a Deus pela dor. Mas só foi assim porque, lá no fundo, eu sabia que a dor tinha uma perspectiva de vida: ajudaria o meu filho a nascer.

Durante a gravidez, o plano era retornar ao trabalho seis meses depois do parto. Creche a partir de um ano e *vida normal.* Eu queria, lá no fundo, viver como se eu não tivesse filho. E este desejo acabou sendo o gatilho para um profundo caminho de autoconhecimento. Por mais que eu desejasse ter filhos e que aquela experiência me envolvesse de forma tão profunda, meu ativismo me empurrava para um estado em que eu deveria me manter aparentemente produtiva. E segundo um conceito de produtividade que só tinha uma face.

Então o bebê chegou e eu me vi dentro de casa. Aquela mesma mulher que vivia fora agora estava dentro. Havia uma casa por receber vida. Havia uma casa que precisava se tornar um lar.

No turbilhão de eventos que compuseram os primeiros meses do meu primogênito, a chave virou. Eu não poderia deixá-lo. Eu não queria deixá-lo. Eu queria ver tudo, fazer tudo por ele e com ele. Minha sede pelo tudo começou a se descortinar; eu descobri que era mais eu mesma depois que me tornara mãe. E que nunca mais eu seria "não mãe".

Vou deixar o trabalho. Não volto mais. Não quero nunca mais viver a vida que eu vivia. A decisão, compartilhada e acolhida pelo meu marido, foi tomada. Engravidei novamente. O primeiro filho tinha cinco meses quando a menstruação atrasou. Que alegria, meu Deus!

Desejamos muito engravidar pela segunda vez. E a rapidez só fortaleceu meu desejo. Era uma menina: Aurora. Luz da manhã, sinal da presença forte que rompe a treva da noite. Símbolo da Virgem que precede o Sol da Justiça.

Ao mesmo tempo que as coisas pareciam ir rápido demais, eu me enxergava lenta, sem conseguir acompanhar o passo, passar a marcha que correspondesse à velocidade daquele caminhão chamado maternidade.

Com dois filhos pequenos, cuja diferença de idade é de apenas um ano e três meses, comecei a ingerir meu "alimento sólido". Precisei encontrar energia nas minhas raízes para viver o cotidiano, para dar sabor à vida ordinária. Estava, afinal, entrando por uma densa treva de depressão pós-parto que se estendeu pelo primeiro ano da minha segunda filha.

Quando, enfim, a luz do dia apareceu, pude contemplar as flores, a beleza do caminho. E me reconciliar mais profundamente com o sacrifício. Foi aí que decidi voltar a trabalhar. Mas — desde então — como mãe, como esposa. Não como uma jovem solteira e sem compromisso com ninguém. Vendia textos. Escrevia de noite, de madrugada, alternava turno com meu marido. Não era penoso, embora tenha sido sacrificante.

Fui aos pouquinhos redescobrindo possibilidades, desenvolvendo habilidades e colocando meus dons a serviço das pessoas. Finalmente comecei a perceber que era preciso viver de dentro para fora. E que esse retorno forçado pelas circunstâncias me tornou uma mulher mais livre.

Quando engravidei do meu terceiro filho, Emanuel, vivi um tempo de profunda paz. Era o início de um caminho novo. Já não havia mais como voltar atrás. Dali para a frente eu sabia que precisaria estudar mais, rezar mais, empenhar mais esforço e contar mais ainda com o amor do meu esposo e a graça de Deus. Ele nasceu no dia de São Josemaria Escrivá, o santo do cotidiano, que — à época — já encantava meu coração quando me convocava a assumir com amor as pequenas coisas. "Assim, nada é pequeno. Tudo é grande!"

Ele tinha um ano e seis meses quando, no dia 28 de dezembro de 2019, dia da Sagrada Família — depois de um desentendimento com meu marido —, o teste deu positivo. Meu Deus, eu não sou capaz, não mereço tamanha graça, não consigo... Mas eu acolho, recebo, me alegro e te agradeço! Clara Luz estava a caminho.

Ela chegou como este lindo dom: um dom que é leve, alegre, desfaz planos, rompe qualquer escuridão. Chegou em setembro, tempo das flores nos ipês-amarelos de Brasília. Quando grávida dela, dei passos importantes neste caminho de reconciliação com o tempo e o trabalho: deixei a CLT (que era num formato bem flexível, *home office*, mas que já era muito para a realidade que me convocava). Decidi reunir projetos e me colocar à disposição das pessoas de forma mais objetiva.

Minha jornada de mãe começou oito anos atrás e jamais terá fim. Este é o ponto máximo de acolhimento a que consegui chegar. Não se trata de calcular o tempo, as horas, o trabalho. Mas de perceber que o que é marcado no meu corpo ganha contornos na eternidade.

Não serei mais uma mulher qualquer.

Serei sempre mãe dos meus cinco filhos, porque alguns meses atrás nossa família foi agraciada com a vida do Rafael, que chegou e partiu para Deus antes de nascer. Deixou em mim as marcas de uma saudade que não tem forma, mas que é tão real quanto o desejo que tenho de encontrar todos os meus filhos quando as luzes desta terra se apagarem.

Passos em falso: a projeção das mães de família na sociedade e na cultura

Maria Inês Carrières

Sou dessas que escrevem para entender, e foi para me esforçar a compreender melhor que decidi refletir por escrito sobre o desconfortável tema dos limites e das possibilidades de atuação das mães de família na sociedade e na cultura.

Do que é que uma mãe de família precisa para ter uma influência saudável na sociedade ou mesmo na cultura? Este não é o tema mais urgente para nos salvar da fome. Se temos fome, precisamos comer. Mas insisto em que ele é talvez dos mais importantes para evitar que muitas mulheres e mães morram de sede de sentido, além de ter o potencial de influenciar a formação do tecido social do nosso país nas próximas gerações. Para deixar mais evidente o que quero dizer, ao longo deste artigo aludirei tangencialmente a algumas experiências minhas até aqui, tecendo observações gerais a partir desses ensejos.

Antes de ser mãe, eu já tinha interesses intelectuais. Gostava de refletir e de me questionar, de observar o mundo à minha volta e discutir comigo mesma. Perguntava-me como nasciam as práticas sociais, políticas e culturais. Apesar de ser fraca e manipulável emocionalmente, desde novinha eu daria um braço para não ser intelectualmente alienada; preocupava-me em entender como se poderia organizar a convivência entre as pessoas para que fossem de fato pessoas, e não robôs que repetem discursos alheios sem nem perceber. Eu era leitora e aluna de meu pai e percebia a dimensão de sua contribuição cultural e intelectual. Já me interessava radicalmente por essas questões e sabia que meu destino estaria, de um modo ou de outro, ligado a esse interesse quase visceral.

Não deveria ser óbvio que ter filhos é uma forma excelente de viver ainda mais intensamente o que importa para um indivíduo? Que a maternidade é um veículo privilegiado de transmissão, por meio da geração seguinte, do combustível que move o nosso ser? Logicamente, faz sentido. Na prática, pode ser verdade, mas está longe de ser tão simples. Para mim, não tem sido nada simples.

Primeiro porque, no meio do caminho entre "ser eu" e "ter filhos", há um evento definidor chamado casamento. O sacramento do matrimônio encerra também um contrato social que une duas trajetórias numa só, colaboração que implica na perda do "eu" egoísta para dar lugar ao "nós", cujos sujeitos, em tese, passam a agir em consonância. (Foco no "em tese". Voltaremos a ele.) O casamento é um vínculo multidimensional e gravíssimo. Não é que um casamento pode alterar o curso de uma vida: ele *vai* alterar. E, entre querer essa alteração e aceitar todas as amputações que vêm como consequência, vai uma meia vida de amadurecimento. Um longo processo.

Mas não é só isso. Outro complicador é que os filhos não nascem adultos! Sempre conto que, grávida da minha filha mais velha (há 16 anos), eu já sonhava com o longínquo futuro em que ela atingiria a idade da razão para podermos nos entender direito. Meu anseio por um *"fast forward* para a idade da razão" já era uma antecipação da preguiça que eu até hoje sinto de sair da minha zona de conforto intelectual para, simplesmente, amar meus filhos e gastar tempo cuidando deles.

Educar, do latim *ex ducere*, é conduzir um ser humano para fora, da potência ao ato. O trabalho é diário. Nosso amadurecimento deveria ser pré-requisito para educar as crianças, mas, na prática, sabemos que não é assim. Acontece de modo concomitante. Muitos passos em falso contados nessa caminhada.

Eu não deixei de me desenvolver intelectualmente sendo mãe, mas deixei de produzir, de criar, de me cultivar. Achei, por muito tempo, que essas práticas fossem um luxo. Eu queria tempo para escrever, tempo para ler, mas esse tempo nunca chegava e, quando acontecia, vinha tão carregado de culpa que eu não o aproveitava. Eram os meus velhos conhecidos, os escrúpulos, característicos de quem vive de aparências. E eu me odiava por viver de aparências.

Minha consciência não estava tranquila. Parte da pressão social e das dificuldades clássicas da maternidade eram reais, mas o que as tornava tão dramáticas era que os desafios de promover uma vida familiar funcional com rotina, sono adequado, comida servida na hora, lição de casa, pendências com a escola, deslocamentos, compras, visitas médicas, atividades extracurriculares, *playdates* e compromissos sociais, por me ser quase completamente desconhecida e nada natural, exigiam que eu mobilizasse a maior parte das minhas forças para me equipar e estar à altura da situação. No meu caso, além dos desafios típicos que vêm com a maternidade e de todos os problemas que são comuns à nossa geração — sobretudo a falta de pontos de referência para nos orientar culturalmente —, houve o desafio extra de que, durante a maior parte desses anos, vivíamos, como hoje voltamos a viver, no exterior, longe da família e de qualquer baliza social reconhecível. Tratava-se de um mundo exigente, entrópico e sufocante. Para que se tornasse suportável, era preciso respirar.

Meu respiro de alívio era tomar café de adulto — sem as crianças — com amigas inteligentes. Mas, quando as crianças estavam presentes, todas — mesmo as amigas inteligentes e mesmo eu, que me considerava pessoa razoavelmente inteligente — caíam nas conversas sobre as estratégias de sobrevivência da maternidade. Assunto útil e bem-vindo, sobretudo diante de outro em que se resvalava com frequência: as comparações entre estilos parentais acompanhadas de declarações dissonantes de alinhamento com este ou aquele exército numa das mil e uma batalhas das *mommy wars*. Ou seja, as mães *como mães* só sabiam falar daquele repertório que nos unia socialmente. Nossas mil diferenças, vivências e histórias pessoais, perspectivas sobre a vida, que para mim eram o mais fascinante, ficavam de fora. Falar de diferenças e estranhezas causava, socialmente, um desconforto que eu não conseguia exatamente respeitar. Se, por um lado, eu me culpava por ser uma pessoa inconveniente e sem limites, por outro eu me perguntava, sinceramente: onde é que está a graça da vida, que eu não estou vendo?

Eu cumpria os rituais da vida social com certa bronca de toda essa encenação. Como uma criança mimada mesmo. Pensava: se, por um lado, a sociedade nos forja e nos faz mais fortes — e eu sabia que isso estava acontecendo —, ela também pode travar em nós o desejo de superação e nos instalar na mediocridade. De que adianta a maternidade ser um dom divino — nunca questionei isso — se era para viver tudo dessa forma medíocre? A sociedade pode martelar na nossa cabeça que buscar realizar a própria vocação é uma balela, coisa de gente viajante e sonhadora. Ela pode nos levar a desistir de nossos ideais por acreditar que são incompatíveis com o cumprimento do dever, sem perceber que o dever é a única via possível de realização do nosso ideal, bastando para isso, apenas — "apenas" —, não desistir. A sociedade, para ser vencida, precisa também ser um pouquinho ridicularizada. E ninguém ri da sociedade sem aprender a rir de si mesmo.

Enfim, a maternidade foi para mim o que tem sido para tantas: uma forja. Ela me tornou mais densa, mais sólida, mais real, o que por sua vez me equipou melhor para educar meus filhos. E tudo isso é ótimo. A interrogação que me aparecia, depois de me convencer de todas essas virtudes da maternidade, era: como ser mãe sem me limitar à imagem burguesa da maternidade, que circunscreve a família moderna à reprodução de um sistema não de valores, mas de aparências? Ou, se não é, eu assim via — e até hoje vejo. Eu precisava, de uma vez por todas, entender como ser mãe sendo eu mesma e conseguir dar o meu melhor por meio dos dons que me diferenciavam como pessoa — e não somente ficar correndo atrás do prejuízo social e educacional.

A maternidade nos forja, mas não, ela não altera a nossa matéria-prima. Ao menos comigo, digo que a maternidade me tornou mais capaz, me ajudou a vencer medos, a relativizar dramas etc., mas, fundamentalmente, não alterou quem eu sou: ainda sou a mesma pessoa que era quando me casei. Preciso, porém, admitir que, por minha culpa, a avalanche de atribuições e papéis associados à maternidade e à domesticidade acabaram por espremer minha individualidade até quase suprimi-la. Acabei por me ressentir não só contra o peso em si quanto contra a circunstância que parecia me impedir de tirá-lo das minhas costas.

O casamento, eu decidi; os filhos, Deus enviou. Sim, o papel de esposa está acima do papel de mãe porque é ao lado de um homem que construímos uma vida. Sim, a responsabilidade radical de fazer com que aquilo funcionasse era minha. Mas é na parceria com um homem que a mulher constrói um quadro de referências para si mesma e para seus filhos. A vida familiar começa no casal, e é daí que procede, que surge, que brota a cultura da família. E só é saudável uma cultura que parte de famílias saudáveis.

E o que é, exatamente, uma "família saudável"? Eu não queria ser a mãe do culto da domesticidade burguesa. Apesar de me agradar esteticamente, algo no propósito a que essa cultura serve não estava bem, na minha visão. Não era só que ele não era "para mim": é que ele escondia algo falso. Uma falsidade de que todas as mães somos, em alguma medida, vítimas e perpetradoras. E eu queria arrancar esse véu de falsidade. O artifício é belo, mas, se nos esquecemos de que é artifício, acabamos por viver na mentira sem nem perceber. A mim parecia que quase todos haviam se esquecido de que o artifício era artifício. Ainda assim, eu sabia que ele era necessário. E ficava pensando até que ponto ele era justificável, antes de se tornar hipocrisia.

Intrigava-me que só feministas tivessem o direito de falar sobre a importância das mulheres para a sociedade. Incomodava-me que só feministas pudessem criticar a mentalidade burguesa, a redução de tudo a aparências, a farsa. Obviamente, o que acontece com as feministas é que a crítica delas joga fora o bebê com a água do banho. Nós, mulheres, somos, sim, fundamentais para a sociedade e para a cultura. Mas se, para isso, precisarmos chutar o balde e dessacralizar a instituição do casamento, de que maneira estaremos *de fato* servindo a sociedade e a cultura?

*

Meu contato com o universo da maternidade católica atenuou, sem dúvida, essa frustração. A proposição era a de uma maternidade com sentido. A verdadeira beleza da maternidade emanava da vida interior: isso para mim era óbvio e parecia estar sendo reconhecido nesse meio, o que foi um alento. Toda mãe possui, ao menos em potência, aspirações tão elevadas quanto aquelas que sua natureza permite. É da vida interior que brota a inspiração para todas as esferas da vida de uma mãe: inclusive o casamento, a educação dos filhos, o cuidado com a casa, as amizades, a vida profissional.

Maravilha. Mas falar na necessidade de transformação interior não é um ato mágico que gera transformação interior. A própria doutrina, se repetida de modo impessoal, pode gerar ainda mais aridez em quem vive na pele esses dramas. Embora eu percebesse em mim o chamado a uma vida nobre, eu era mesquinha. Embora visse aquelas pessoas falando em apostolado, em doar a vida pelo outro, eu ainda via, não só em mim, mas também nos outros, apego a valores superficiais. Onde, portanto, buscar ajuda para *realmente* desenvolver a tal fonte de vida? Em vez de ficar falando sobre ela, viver um pouco como todo mundo?

O que hoje chamamos "família tradicional" — o homem como provedor e protetor dos seus e a mulher como rainha do lar e educadora dos filhos — é belo e moral e até certo ponto biológica, simbólica e socialmente justificável. O que eu chamo de burguesismo é a tentação de ostentar virtude associando a própria vida a esse modelo. É a tentação de *ser a própria vitrine*. É o sacrifício da personalidade individual no altar da coesão social, o sacrifício da inteligência no altar de um culto de aparências.

Existe *sim* uma pesada construção social em torno da sacralização da domesticidade, do lar como santuário. Nesse mito, a mulher é praticamente uma deusa do templo doméstico. E existem mulheres — eu inclusa — que, principalmente depois de certa idade, não podem mais se conformar em gastar todos os seus recursos mais preciosos — tempo e energia — para encenar o impossível papel social de imaculada esposa e mãe. Dentro de mim existe uma bruxa feminista que se revolta contra essas imposições. Mas, na verdade, talvez o problema de toda mulher que luta para domar a bruxa interior e tecer uma narrativa de felicidade pessoal e familiar seja, simplesmente, a dificuldade de negociar os termos da vida com seu marido! A esposa insatisfeita não conseguirá ser atraente e magnética e irradiar o que há de mais belo em seu ser feminino enquanto permanecer ranzinza. E ela não conseguirá deixar de ser ranzinza enquanto não trouxer à consciência o que, verdadeiramente, quer e está disposta a fazer. Mesmo vencendo a ranhetice, querer aplicar psicologia dos relacionamentos ou técnicas de negociação ao próprio casamento sem uma sinceridade cristalina de propósito não passaria de manipulação barata.

A vida familiar é um complexo de estilo de vida negociado. Ora, não podemos sacrificar a visão espiritual (a família como missão dada por Deus). O arranjo econômico (divisão de papéis) é conveniente para muitas famílias, mas não é sacrossanto. Agora, o pacote social e cultural que vem junto com a ideia prevalente do que seja uma "mãe de família", eu proponho que seja revisitado. Talvez nós, mães de família, que somos as principais interessadas no nosso significado para a sociedade e a cultura, possamos contribuir para transformá-lo em alguma coisa mais respirável. Mas isso não é uma negociação que as mães de família possam fazer entre si. Um clube de mães de família para tratar desse assunto não só não resolveria o problema que propõe como também geraria, provavelmente, a milionésima onda do feminismo.

Essa é uma negociação que cada mulher faz com seu marido. Pela radicalidade do vínculo sacramental, a vida do casal, assim como a vida individual, deve ser examinada. Por sorte, "a vida não examinada não vale a pena ser vivida" diz respeito ao indivíduo, e não ao casal! O exame da vida do casal é impossível se cada parte não faz, separadamente, a sua lição de casa socrática. A boa (mas também, ao menos para mim que não sou santa ainda, angustiante) notícia é que, por amor, podemos consumir toda uma vida na tarefa de fazer a nossa parte e amar o outro. Até conseguir amar do jeito certo, pode ser que morramos antes. É trágico, mas também é belo: terá valido a pena, pois uma vida doada integralmente por amor não é destituída de sentido.

Mas nem sempre é trágico. Num casal saudável — composto de duas pessoas que, por assim dizer, têm por hábito fazer a lição de casa socrática —, tudo o que compõe a vida em família — seja internamente, seja em suas interações sociais — seria, idealmente, objeto de deliberação consciente.

A importância do empenho de trazer à consciência o motivo pelo qual fazemos o que fazemos — de fazer, por assim dizer, uma curadoria do nosso modo de vida — é elevada à enésima potência nestes tempos pós-modernos e pós-industriais, em que a liberdade individual é, em tese, infinita, mas na prática continuam a existir, porque sempre existiram, os chamados da realidade. A estes chamados somos impelidos a obedecer, por mais que falsas crenças presentes em nossa cultura dominante nos empurrem no sentido de desejar uma inalcançável liberdade incondicional. O objetivo é usar o bendito bom senso (graças a Deus por ele!) para fazer as coisas do jeito certo. "Tudo posso, mas nem tudo me convém": é justamente o chamado a descobrir o que é, afinal, que nos convém como família e como indivíduos partícipes dessa família que somos convidados a traduzir por meio da consciência e praticar em nossa vida.

Na vida familiar, essa tradução da consciência se reflete nas decisões do casal sobre a melhor forma de viver a partir das bagagens recebidas por cada um e pelos valores comuns, tanto os que se estenderam por gerações quanto os confirmados após a união matrimonial. Entram nesse cálculo os projetos comuns e individuais dos cônjuges e os projetos educacionais dos filhos. Eu me interessaria em conferir novo sentido à expressão "estilo de vida", que passaria a designar não o resultado de nossos hábitos inconscientes de consumo e as banalidades e automatismos que deles decorrem, mas o resultado de uma reflexão consciente sobre as questões mais críticas, cruciais e dramáticas que um casal deve fazer para que a vida da família prospere em todos os sentidos. Todo o terreno comum que conseguirmos construir a partir de um esforço consciente e genuíno entrará nesse complexo e poderá render preciosos frutos para a sociedade e a cultura.

A mulher e mãe não é menos curadora e autora desse estilo ou cultura do que o homem e pai. Pelo contrário: por estar mais próxima dos filhos e do universo doméstico, ela tem uma visão dos detalhes que, se integrada à visão mais propriamente social do marido, pode conferir grande poder à vida desse casal. A vida familiar implica necessariamente coautoria, em cuja formulação os talentos devem somar-se. Numa família saudável, o homem não só participa dessas deliberações sobre o que chamei de estilo de vida (ao menos das etapas finais, que são as tomadas de decisão) como também banca socialmente o projeto, que por sua vez não é estável e exige constante reformulação.

Questões não só de ego, como outras mais profundas, envolvendo valores, interferem no processo de comunicação do casal. A dificuldade de tecer consenso explícito em torno de um projeto de família acaba prejudicando não só as crianças, o que já seria ruim o bastante, mas também diminui drasticamente a possibilidade de uma projeção social saudável dos pais como indivíduos na sociedade, limitando o impacto que possam ter sobre outras famílias. Fere, principalmente, a integração que a esposa poderia encontrar no sentido social da atividade de seu marido, ou no desenvolvimento de uma atividade própria e com sentido no contexto da família. Eu mesma vivi essa dificuldade permanecendo por tantos anos, por minha culpa, mais ou menos presa à dimensão das obrigações sociais, considerando que a criatividade e a personalidade eram um luxo e que eu nunca alcançaria a realização de minha vocação intelectual.

A verdade é que a projeção social de uma família sem um mínimo de coesão interna não pode ser saudável para a sociedade. É por isso que lutar sem jamais desistir, por amor ao cônjuge, é uma missão mais nobre do que viver uma vida ressentida ou achar que o divórcio é a solução. Porém, um erro muito comum é pensar que devemos entregar de mão beijada a nossa individualidade. Nós, mulheres, temos as nossas armas e devemos usá-las a nosso favor, o que é usá-las não a favor dos nossos egos, mas justamente a favor da nossa família e dos projetos que favorecem seus membros e a sociedade como um todo. Por trás de um marido egoísta há muitas vezes uma esposa mais egoísta ainda, que não entendeu o verdadeiro significado da palavra sacrifício.

É só com a coesão do casal — conquistada em muitos casos a duras penas e após numerosos passos em falso — que é possível cultivar a aparência de que eu falava no início: a aparência que eu criticava pelos efeitos perversos de seu exagero, mas cujo lugar e importância sou a primeira a reconhecer e louvar. A aparência de uma família é a porta de entrada e saída das trocas sociais. Ela precisa ser acordada, negociada; e, por mais difícil que sejam essa negociação e esse processo decisório, um casal não deveria nunca desistir de aprimorá-los. Pois toda vez que se esforçarem para fazê-lo, o objetivo será fechar o abismo entre realidade e ficção — pode ser que sobre uma pequena fenda, mas, enquanto essa fenda inspirar cuidados, não se abrirá a ponto de representar perigo de queda para algum dos membros da família (ou para todos). Sendo pequena a fenda, muitos poderão por ali passar e se beneficiar desse convívio. A chave, acredito, é que, se na essência formos muito simples, manter as aparências não dará tanto trabalho. O mundo das aparências será de fácil manutenção.

A mensagem principal deste artigo é a de que, se nossas famílias têm de ser burguesas na aparência — e disso não temos muito como fugir —, que o sejam o mínimo possível na aparência e não o sejam, em nada, na consciência. Que na consciência elas saibam que são a base de um esforço — que deveria ser permanente — de renovação da sociedade e da cultura, e não as reprodutoras de um modelo social conveniente a uma era que, francamente, já passou. Sejamos famílias talhadas à imagem da personalidade dos dois adultos que a fundaram, adultos estes maduros e autênticos o suficiente para compreender que a cultura não só se consome, mas no instante mesmo em que se vive, se cria.

Ainda que não queiramos, com nossa forma de viver influenciamos muitas outras famílias — e também pessoas que pensam em constituir família, e também pessoas que têm influência sobre famílias. Existe uma rede de influências, e é realmente importante refletirmos sobre o tipo de impacto que queremos ter e entender que a forma como vivemos atualmente espelha sempre a nossa visão de homem e de mundo. *Spectemur agendo*: sejamos vistos em ação. Para os nobres, ser visto em ação é uma forma privilegiada de pôr à prova o seu valor.

Como queremos ser? Como queremos ser vistos por Deus? Que tipo de impacto gostaríamos, se pudéssemos, de ter sobre nossos semelhantes? "Qual a influência social e cultural que quero gerar?" é uma pergunta que não deveria estar dissociada desta outra: "O que Deus quer de mim aqui, agora?"

*

Hoje, eu digo: graças a Deus pela sociedade e pelos passos em falso que, para vencer suas dificuldades e armadilhas, fui obrigada a dar. Graças a Deus pelas expectativas às quais me senti obrigada a corresponder! A pressão social nos faz crescer, e isso é bom. Os olhos do semelhante nos julgam, e ele se compara conosco, assim como nós olhamos o semelhante e o julgamos. Ambos se ajudam e disputam entre si. Ambos se fortalecem (se quiserem, é claro) com essa troca de olhares e juízos. Eu hoje sou grata por tudo isso, mas essa gratidão não veio de graça: ela me foi dada pelo pouco de humildade que fui obrigada a ter para conseguir enfrentar certas complexidades da vida. Na verdade, reconheço que a única coisa que fiz com constância ao longo de todo esse tempo foi... não desistir.

Que cada mãe de família possa encontrar sua forma pessoal, por mais modesta que pareça, de dar uma contribuição à sociedade e à cultura que seja, no fim das contas, uma forma de expressão de quem ela é em seu íntimo. Se isso comprometer a harmonia da sua família, que ela entenda que tudo tem seu tempo. Se essa busca for não um motivo de mais ansiedade, e sim uma luta por atender aos chamados da vida interior, temos um sinal de que é oportuna. O verdadeiro desafio é fazer o que se faz com pureza de intenções, e não se deixar paralisar com o pretexto de manter a pureza (que pode ser só uma forma de justificar o medo de transcender o mundo das aparências).

Quanto mais sincero e consistente for o esforço das mães de família por vencer a mediocridade, melhor para a sociedade e a cultura de nosso país. Ao favorecer o transparecimento de nossa individualidade indissociavelmente feminina e maternal na sociedade e na cultura, estaremos contribuindo para que o teatro do mundo espelhe com mais fidelidade as belezas que Deus criou.

Só temos hoje para amar

Thaís Favero Schmitt

Com alguma frequência eu começo o dia um tanto irritada e agitada por tanto a ser feito. E, em situações assim, lá no fundinho do meu ser egoísta, às vezes passa pela minha cabeça: "Ah, como eu teria um dia produtivo se as crianças estivessem hoje com uma avó, se ficassem o dia todo na escola!"

Mas não. Passam-se uns minutos e me forço a pensar, olhando as coisas com sinceridade: "Graças a Deus, elas estão aqui me fazendo parar de dobrar as roupas a cada cinco minutos, me fazendo fechar a torneira para ouvir melhor aquela coisa importantíssima que um deles tem a dizer, interrompendo atividades incontáveis vezes ao dia."

Pois esse é o sinal da vocação sendo cumprida.

Dia após dia.

Sacrifício após sacrifício.

E, quanto mais generosos em abraçar a vocação, menos chances de vivermos para alimentar nosso ego e desejos próprios.

Eis a felicidade. Mas uma felicidade pouco compreendida. Desde sempre pouco compreendida. O amor puro e simples, que se dá por inteiro, levou Cristo à Cruz... mas também possibilitou a ressurreição e a glória eterna. Quando, portanto, eu me deparo com a minha vontade de me fechar em mim mesma, eu vejo que ainda não amo por inteiro.

Quantas vezes podemos ter uma relação utilitarista, julgando amar? Não ama quem quer carinho, quem casa ou tem filhos para realizar um sonho e finalmente dar *check* num item da lista de realizações. Amar é se oferecer por inteiro, sem reservas. Meu corpo, meu tempo, meus afetos, tudo.

Sob essa perspectiva, tudo muda. Roupa para lavar, almoço atrasado, preocupações com o trabalho, chão esperando ser limpo... Essas crianças sorrindo, chorando, crescendo: tudo se torna oportunidade de amor. De ver a Deus. Ai de mim se não tivesse essas crianças aqui! Ai de mim viver sem essa santa ocupação!

Quando nos falta disposição para viver as pequenas contrariedades do dia com paciência, é porque faltou esse amor abnegado. Todos os esforços por sermos mais pacientes e resignadas são exercícios desse amor. Mães, sei bem que é preciso um esforço enorme para não nos colocarmos como vítimas. Damos um peso enorme às coisas mais banais; afinal, estamos ali vivendo aquela realidade todos os dias. Seria fácil resumir tudo a uma imensa sucessão de pequenas contrariedades, culpa materna e trabalho repetitivo.

Mas... Amor, amor, amor!

Quando sentir a tentação de se ressentir por não ter o que supostamente precisa para cumprir melhor a própria vocação, ajuda muito voltar o olhar para o maior e melhor exemplo de vida familiar no mundo: a Sagrada Família.

Eram pobres! São José era carpinteiro. Mas...

Será que Nossa Senhora pedia uma empregada? Será que achava que o marido era péssimo por não buscar enriquecer? Será que você falaria que a vida dela era moleza porque só tinha um filho? Será que Nossa Senhora achava que ela seria uma mãe melhor se tivesse mais recursos? Será que ela olhava a vizinha com criadas e pensava que ela era mais virtuosa, pois devia ter mais tempo para rezar?

Imagino, no dia do meu juízo, o que Nosso Senhor não vai me mostrar... Tanta oportunidade de santificação que joguei no lixo aguardando o momento certo: para rezar, para meditar, para cuidar da inocência das crianças! Esperando pelo quê? Pela empregada, pelo dinheiro, pelo tempo livre com as crianças já crescidas?

Para transformar a prosa dos dias em poesia heroica não é necessário ler os clássicos, nem estar bela todos os dias, nem ter todos os melhores livros educativos, nem ter toda a segurança material de que, sim, todas nós gostaríamos de ter.

Deus não nos pede nada disso, como não pediu de São José e Nossa Senhora.

Você sabe, lá no fundo você sabe, que não precisa disso; que, por mais que todas essas coisas sejam boas, elas não são essenciais, que devemos usá-las na medida que convém.

Precisamos mesmo é amar. É o nosso coração que Nosso Senhor deseja, o nosso coração inteiro. Todo o nosso tempo, nossa saúde, disposição, todos os nossos sorrisos, nossas lágrimas, nosso suor, nosso sangue. Tudo para Ele.

Lembre-se: temos escolha, tivemos escolha. Um padre escolhe, uma religiosa escolhe, uma esposa escolhe. Você disse sim! Agora abrace essa realidade: é a que Deus lhe deu!

Só temos esse tempo para amar. Não seremos cobrados a respeito do quanto a família que tinha duas empregadas amou, mas somente pela nossa falta de amor, por não termos retribuído, apesar das nossas misérias, o amor d'Aquele que tanto nos amou e que nos convidou a carregar uma Cruz como a d'Ele.

E você querendo uma vida sem cruz. Só que, no final dessa vida sem Cruz, não estará o nosso amado.

Que vida é essa então? De que vale?

Só temos hoje para amar.

Sobre as autoras

Letícia Cazarré *é bióloga e jornalista. Atuou como* stylist *após formar-se no Fashion Institute of Technology, em Nova York, e estudar na Domus Academy e Nuova Academia di Belli Arte di Milano. Colaborou com importantes publicações brasileiras, como* Vogue, Bazaar, Glamour, GQ, FFW, TPM, TRIP; *também fundou e publicou por quatro anos a revista independente* 'Cause Magazine. *Casada, é mãe de quatro filhos e está grávida de uma menina.*

Lorena Leandro *é casada com Lucas, com quem tem cinco filhos. Com ele, forma uma família católica e educadora. É tradutora de inglês e revisora por formação, tendo atuado na área por cerca de dez anos. Hoje, é uma feliz (e ocupada!) mãe educadora em tempo integral.*

Susana Blanco Marques *é esposa do André e mãe de sete lindas crianças. Formada em TI, é bancária por profissão e mãe educadora por opção. Foi uma das idealizadoras da Biblioteca São Tomás de Aquino e coprodutora do material de linguagem* O segredo do hino nacional.

Camila Lavôr, *mãe de cinco filhos, é fundadora da Editora Hoje, em Casa, pela qual elaborou o programa de pré-alfabetização* Eu consigo ler *e o programa de alfabetização* Meu caderno de alfabetização.

Marcela Saint Martin *é casada, mãe de três crianças, tradutora, redatora e divulgadora da leitura em voz alta em família.*

Araceli Alcântara *é psicóloga. Casada, tem cinco filhos.*

Lorena Miranda Cutlak *é escritora, professora de língua portuguesa e mãe de três crianças.*

Aline Rocha Taddei Brodbeck *é casada, mãe de cinco filhos, gaúcha, advogada, conferencista, escritora e professora. É autora do livro* O dom da feminilidade *e, com seu marido, também de* Família católica, Igreja doméstica *(Edições Cristo Rei).*

Olinda Scalabrin Rodrigues *é casada, católica e mãe de cinco filhos. Professora de história, é idealizadora do curso de alfabetização Primeiras Letras e palestrante na área de história da educação.*

Nina Viana *é casada com o Marcelo, mãe do Bento, do Francisco, da Catarina e do Inácio. Além de ilustradora e designer, é criadora da plataforma Educar para a Liberdade. Sob o prisma da beleza, da bondade e da verdade, a plataforma oferece suporte de educação (aulas e materiais didáticos) e formação para quase duas mil famílias em todo o país.*

Karina Bastos *é casada com o professor Josair Bastos e mãe de cinco crianças. Junto ao esposo, formou uma escola on-line de latim que já atendeu mais de mil famílias em três anos de atuação.*

Karen Mortean *é casada e mãe de cinco filhos (alguns já adolescentes). Formou-se em enfermagem e obstetrícia e tem especialização em educação em saúde. Está por trás do* Diário desescolar *e do* Fertilidade inteligente.

Bruna Morselli *é esposa de Sérgio Eduardo Morselli e mãe do Dante, do Tomás, do Estevão e do Jorge. Mãe educadora, ilustradora e bióloga.*

Iracema Sanches, *católica, é esposa, mãe e psicóloga. Atua na Assistência Social e em atendimento clínico.*

Narlla Bessoni *é casada, mãe de cinco filhos, escritora, jornalista e especialista em alinhamento de rotina familiar. É idealizadora do projeto Vida em Ordem, que auxilia mães na formação de bons hábitos na família.*

Maria Inês Carrières *é casada e mãe de seis filhos. Formada em história e mestre em ciência política, já trabalhou como pesquisadora, tradutora e consultora de organização pessoal. Atualmente, dedica-se à família e aos estudos.*

Thaís Favero Schmitt *é esposa do Diogo, mãe do Tomás, da Helena e da Inês. Trabalha na internet com um* e-commerce *de roupas femininas e, nas redes sociais, compartilha um pouco sobre a rotina em casa, dá pitacos sobre tudo e faz reflexões sobre a vida.*

DIREÇÃO EDITORIAL
Daniele Cajueiro

EDITOR RESPONSÁVEL
Hugo Langone

PRODUÇÃO EDITORIAL
Adriana Torres
Laiane Flores

REVISÃO
Anna Beatriz Seilhe
Michele Sudoh

PROJETO GRÁFICO E DIAGRAMAÇÃO
Futura

Este livro foi impresso em 2022
para a Petra.